WENN'S MAL WIEDER HEISS HERGEHT

Impressum:
ISBN: 978-3-903113-06-0

echo medienhaus ges.m.b.h.
Produktion: Ilse Helmreich
Layout: Elisabeth Waidhofer
Lektorat: Tatjana Zimbelius
Herstellungsort: Wien

Besuchen Sie uns im Internet:
www.echomedia-buch.at

WENN'S MAL WIEDER HEISS HERGEHT

DIE WIENER FEUERWEHR KOCHT AUF

MARTIN NEJEDLY

echomedia
BUCHVERLAG

INHALT

ZUM GELEIT

Mit dem Gründungsjahr 1686 ist die Wiener Berufsfeuerwehr die älteste Feuerwehr der ganzen Welt. An 365 Tagen im Jahr sind die Feuerwehrmänner 24 Stunden in Bereitschaft zum Dienste der Menschen. Sie sind Experten für alle Notsituationen, angefangen vom Katastrophenschutz bis zu Spezialbereichen wie den Feuerwehrtauchern oder Feuerwehrimkern. Was viele nicht wissen, ist, dass sie auch Experten für gutes Essen sind.

Gastfreundschaft und eine gute Küche sind fixe Bestandteile auf jeder Feuerwache. Das große Engagement, das die Beamten ungeachtet ihrer anstrengenden Einsätze an den Tag legen, ist beispielhaft für die Einstellung und das Klima, das bei der Wiener Feuerwehr herrscht. Da gibt es kein Murren oder Zögern – was zu tun ist, wird getan, und jeder ist für den anderen da.

So freut es mich sehr, dass dieses Buch nun eine Sammlung der Dinge beinhaltet, die die Feuerwehr im Innersten zusammenhält, und alle Leserinnen und Leser ab jetzt daran teilhaben können. Ich hoffe, die Lektüre macht Gusto, und wünsche guten Appetit!

Michael Häupl
Bürgermeister und
Landeshauptmann von Wien

ZUM GELEIT

Seit vielen Jahren bin ich als Stadträtin für die Feuerwehr zuständig, und von Beginn an war klar: Ich bin Feuer und Flamme für die Kolleginnen und Kollegen der Wiener Berufsfeuerwehr. Unter größtmöglichem persönlichem Einsatz leisten sie das ganze Jahr über Beachtliches. Die Arbeit der Feuerwehr ist eine der zentralen Säulen für Sicherheit, Lebensqualität und die Gemeinschaft in unserer wunderschönen Stadt.

Bei meinen regelmäßigen Besuchen erlebe ich jedes Mal aufs Neue, dass Gemeinschaft auch innerhalb der Feuerwehr ein zentraler und vor allem tagtäglich gelebter Wert ist. Trotz all der beruflichen Herausforderungen merkt man sofort, dass sie für ihre Aufgabe brennen und alle Wienerinnen und Wiener sich auf ihre Feuerwehrleute immer verlassen können.

Das vorliegende Buch bietet einen einzigartigen Einblick in einen kaum beleuchteten Teil des Feuerwehralltags: die Feuerwehrküchen. Sie sind der Dreh- und Angelpunkt des täglichen Zusammenlebens der Kolleginnen und Kollegen der Feuerwehr und haben auch kulinarisch einiges zu bieten. Ich bin mir sicher: Sie werden – genauso wie ich – begeistert sein. Viel Spaß beim Lesen!

Renate Brauner
Vizebürgermeisterin von Wien

DIE WIENER BERUFSFEUERWEHR

V.l.n.r.: Dominik, Ernst, Markus, Rene (hinten), Ulrich, Martin & Rudi – Gemeinsam macht sogar das Knödeldrehen Spaß.

Die Wiener Berufsfeuerwehr ist die älteste Berufsfeuerwehr der Welt und wurde im Jahr 1686 mit der Ernennung von zwei Feuerknechten mit je zwei Gulden Wochenlohn begründet.

Dass man in der zweitgrößten deutschsprachigen Stadt der Welt bei über 30.000 Einsätzen jährlich mit zwei Feuerknechten kein Auslangen mehr findet, versteht sich von selbst. Und so hat sich die Wiener Berufsfeuerwehr in den rund 330 Jahren ihres Bestehens zu einer der modernsten, effektivsten, aber vor allem besten Feuerwehren der Welt entwickelt – nicht zuletzt durch eine starke, engagierte und gute Arbeitgeberin, die weiß, was sie an ihrer Truppe hat: die Stadt Wien. Sie unterstützt, fördert und fordert die Wiener Feuerwehr in allen Bereichen.

Wir sind rund 1.800 Frauen und Männer im Einsatzdienst und versehen, strategisch aufgeteilt in elf Sektionen, 24-stündigen Wechseldienst. Dies hat zur Folge, dass wir ähnlich wie in einem Familienverband zusammen leben – mit den entsprechenden Vor- und Nachteilen. Es gibt gutmütige, dominante und vorsichtige Väter und Mütter, coole und blöde Brüder und Schwestern, anstrengende und liebenswerte Töchter und Söhne, aber selbstverständlich auch schiache Cousins und Cousinen, Onkel und Tanten, die man halt einfach nicht so sehr mag, oder strenge Großväter sowie runzelige Erbtanten, die manchmal einfach alles zu eng sehen (das Kommando möge mir verzeihen). Aber mal ehrlich: Mögen Sie alle Mitglieder Ihrer Familie bzw. werden Sie von allen gemocht?

Das alles kann und darf aber bei unserer Zusammenarbeit keine Rolle spielen, denn jedem von uns ist bewusst, dass persönliche Befindlichkeiten unseren Aufgaben bei Einsätzen untergeordnet werden müssen.

So wird das gemeinsame „Zu-Tisch-Sitzen" nicht nur zur Füllung unserer Speicher genutzt, sondern es wird auch das eine oder andere Kriegsbeil begraben oder einfach über allgemeine Probleme diskutiert und nach Lösungen gesucht (welche hin und wieder auch gefunden werden). Persönliches wird besprochen und – gar nicht mal so selten – das eine oder andere Herz ausgeschüttet oder die Wahl der neuen Freundin bekrittelt.

Damit dies möglich ist, bedarf es eines überdurchschnittlichen Zusammenhalts, den die wenigsten aus einem „normalen" Büro- oder Firmenalltag kennen. Außerdem braucht es eine engagierte Truppe, der auch die Seelen und Mägen der Kollegen am Herzen liegen (die eigenen selbstverständlich auch), und jede Menge guter Ideen, Engagement und Eigeninitiative. Denn was nützt der beste Herd, wenn keiner kochen will?

Das mit dem Essen ist bei der Feuerwehr eine ganz eigene Sache. In der Regel beginnt jeder Dienst mit der Fahrzeugübernahme und der Vollzähligkeits- sowie der Funktionsüberprüfung der Einsatzgeräte sowie aller Fahrzeuge. Wenn die Kettensäge wieder mal nicht so anspringen will, wie sie eigentlich sollte, findet sich da im Hinterkopf schon manchmal der Gedanke: „Wos gibt's denn heut eigentlich zum Essen?" Oder wenn man von der vorigen Dienstschicht einen völlig verdreckten Werkzeugkoffer übernehmen muss, wird der Ärger oft von der Sorge überdeckt, dass der Erdäpfelsalat heut hoffentlich besser ist als zuletzt.

Ich bitte die Leser jetzt nicht zu glauben, dass sich bei uns alles nur ums Essen dreht. Es werden selbstverständlich auch Themen wie Frauen, Autos, Sport, Motorräder, die Baustoffpreise und das Minus auf dem Konto diskutiert. Essen spielt aber eine nicht zu kleine Rolle, und es macht uns unter anderem zu dem, was wir sind.

Zu Silvester darf es schon mal etwas feiner sein: Tatar von Lachs, Rind und Avocado

Was sind das eigentlich für Menschen, die sich mit gerade mal Anfang zwanzig für einen Beruf unter einem Blaulicht entscheiden? Mein Bekannten- bzw. Freundeskreis besteht zu ungefähr gleichen Teilen aus Mitgliedern der Feuerwehr, der Polizei und „normalen" Erdbewohnern, und aus meiner persönlichen Erfahrung kann ich sagen, dass Menschen, die sich in jungen Jahren dazu entschließen, hauptberuflich an Orte zu gehen, von denen andere in der Regel weglaufen, alle einen leichten „Pascher" haben, allerdings im überwiegend positiven Sinn.

Da möchte ich jetzt sämtliche Polizisten, Rettungssanitäter, Bergretter und Mitglieder ähnlicher Organisationen mit ins Boot nehmen – ich hoffe, sie verstehen das auch als Kompliment. Mir ist niemand bekannt, der sich eine dieser Uniformen angezogen hat, um eine ruhige Kugel zu schieben, wöchentlich seine Ärmelschoner zu wechseln und am Monatsende dick abzukassieren – das spielt's bei uns einfach nicht!

Wir sind Menschen, die bewusst Nachteile, wie beispielsweise eine deutlich niedrigere Lebenserwartung, begleitet von einer deutlich höheren Scheidungsrate, in Kauf nehmen. Der Wechseldienst ist eben anstrengend, sowohl für den Körper, als auch für so manche Beziehung. Er hat aber selbstverständlich auch seine Vorzüge. Im Februar Mittwochvormittag am nahen Semmering Schi zu fahren, während andere im Büro sitzen, seine Kids jeden zweiten Tag aus dem Kindergarten abholen zu können, im Juni werktags auf der leeren Donauinsel Sonne zu tanken oder am Samstag nicht mit dem Rest der Herde einkaufen zu müssen, weil man das unter der Woche erledigt hat, wissen wir alle schon nach kurzer Zeit zu schätzen. Vor allem aber ist es schön, mit dem Gefühl nach Hause zu kommen, etwas Sinnvolles getan zu haben.

So, jetzt ist aber Schluss mit der langen Einführung, kommen wir endlich zum Kernthema dieses Buches: Wie und womit werden die Speicher der mitunter ganz schön angestrengten Kollegen gefüllt? Sorry, aber auch hier lohnt es sich, etwas weiter auszuholen.

Wir sind eine Truppe, die sich nicht zufällig aus unterschiedlichsten Berufen, Charakteren, Persönlichkeiten und auch Herkunftsregionen zusammensetzt. Das fördert nicht nur die Qualität unserer Arbeit an der Einsatzstelle, sondern hat auch einen Einfluss auf die Bandbreite in der Küche, da ganz einfach unterschiedliche Zugänge zu verschiedensten Problemen bereitstehen. Unsere Truppe besteht unter anderem aus gelernten Maurern, Schlossern, Mechanikern, Installateuren, Elektrikern, Zimmerleuten, Malern, aber auch Bankkaufleuten, HTL-Absolventen, Verkäufern und nicht zuletzt aus Köchen der besten Häuser Österreichs.

Es gibt unter uns Kollegen, die sagen: „Wurscht wos, Hauptsach viel!“ Es gibt solche, die meinen: „Wie kannst du denn Schinken und Käse zusammen auf einer Platte anrichten?“ Und da sind einige, die behaupten: „Ois unter an 35-Deka-Stückl is Aufschnitt!“ Aber man hört mitunter auch Kollegen bei der ersten Gemüselasagne nach fünf Monaten jammern: „Ned scho wieda!“

Genau diese Vielfalt an Meinungen, Zugangsweisen und Auffassungen bringt uns nicht nur an der Einsatzstelle zu Topleistungen, sondern auch an den Herden, Grillplatten, Öfen und Töpfen.

Da werden sämtliche Ressourcen, die uns aufgrund unseres breit gefächerten Einzugsgebiets zur Verfügung stehen, genutzt. Haben Sie etwa einen Kollegen, dessen Eltern mit mittlerweile 89 und 92 Jahren in einer südburgenländischen Garage seit fast siebzig Jahren ein Kernöl pressen, das den steirischsten Steirer vor Neid erblassen lässt?

Thomas, Helmut und Daniel: Vorbereitung ist das Um und Auf!

Ist Ihr Chef ein ehemaliger Fleischhauer und noch immer Mitglied einer Jagdgesellschaft im Weinviertel und kommt so zu den wirklich guten Stücken? Hat einer Ihrer Kollegen eine Frau aus Griechenland, deren Familie Sie mit sensationellem authentischem Schafkäse und Olivenöl versorgt?

Auch das sind Vorteile, wenn man breit aufgestellt ist! So lässt sich aus der Wiener Küche (übrigens die einzige Küche der Welt, die nach einer Stadt benannt ist – französische Küche kennt jeder, aber eine Pariser Küche?) sogar noch mehr rausholen. Wobei wir auf unseren Wachen nicht auf die Wiener Küche beschränkt bleiben wollen. Gerichte wie Wiener Schnitzel, Gulasch, Beuschel, Brathendl, Tafelspitz und überbackene Schinkenfleckerl sind sicher von keiner Wache wegzudenken, trotzdem versuchen wir immer etwas Neues auszuprobieren – auch wenn's nicht immer auf Anhieb gelingt.

Hier herrscht eine Vielfalt von Ideen, inspiriert durch unsere Mütter und Großmütter, diverse Kochsendungen, das Schmökern von Kochbüchern sowie das Abkupfern von diversen Küchengrößen wie Gerer, Lafer, Plachutta, Schuhbeck und Co. Natürlich haben unsere gelernten Köche eine Menge Tipps in petto, wenn auch so mancher zugibt, erst bei der Feuerwehr gelernt zu haben, wie man richtig gute Semmelknödel oder einen anständigen Erdäpfelsalat zubereitet.

Wie läuft das nun ab bei uns? Im Prinzip so, dass jene Kollegen, die genauso gern essen wie alle anderen, aber nicht so gern kochen, die Tätigkeiten jener mitübernehmen, die sich um das leibliche Wohl der Mannschaft kümmern. Das ist nicht immer einfach, denn in ganz Wien herrscht bei der Feuerwehr ein dicht gedrängtes und forderndes Beschäftigungsprogramm, welches sich über Aus- und Weiterbildungen, Übungen, erhaltende Maßnahmen, Überprüfungen und selbstverständlich den normalen Wachebetrieb erstreckt. Aber da kommt eben der erwähnte kollegial-familiäre Zusammenhalt unterstützend ins Spiel.

Das Einzige, was sich keiner nehmen lässt, sind die Einsätze. Schließlich sind diese der Grund, warum wir alle damals laut „Hier!" geschrien haben, als es um die Aufnahme ging. Da werden einfach die Hauptschalter abgedreht, und auf geht's! Gekocht wird später, oder manchmal auch gar nicht mehr. Genauso ist's beim Essen. Werden wir alarmiert, wird ausgefahren – ohne Wenn und Aber. Darum ist auch der Großteil der hier präsentierten Gerichte leicht aufzuwärmen und gut vorzubereiten. Aber es kommt nicht so selten vor, dass der Italiener ums Eck vorzugsweise binnen Sekunden dreißig Pizzen liefern soll, ein ganzer Kebapspieß leer gekauft oder um vier Uhr morgens die Küche mit leerem Magen geputzt wird, um der ablösenden Dienstgruppe am Morgen kein Chaos zu hinterlassen.

Einige kurze Worte noch, bevor wir zur Vorstellung der Sektionen und den Rezepten kommen: Die Portionsgrößen habe ich bewusst nicht in unseren Maßstäben angegeben. Sie würden nicht glauben, was wir verdrücken! Um Ihnen einige Konfektionsgrößen zu ersparen, habe ich sie auf das Maß eines „Normalbürgers" geschrumpft. Originalangaben sind selbstverständlich auf Nachfrage erhältlich, aber nicht empfehlenswert – außer Sie gehören, wie ein Großteil von uns, zu den Halbwahnsinnigen, die, wenn sie grad mal nichts Anstrengendes zu tun haben, ihre Kilometer am Laufband oder Fahrrad abspulen, an ihren freien Tagen in einer Kletterwand herumhängen oder unnatürlich große Hanteln in der Kraftkammer stemmen.

Putenkeule mit Rotkraut und Erdäpfelknödeln: ein Festessen zur Verabschiedung eines Kollegen

Ich wünsche Ihnen viel Vergnügen beim Nachkochen und besonders beim Genießen mit Ihren Lieben!

Ihr Martin Nejedly

BASICS
GEBRAUCHSANWEISUNG
GESTÄNDNISSE

- Wenn irgendwie möglich, kaufen Sie beim Fleischhauer oder Gemüsehändler Ihres Vertrauens ein, und pfeifen Sie auf das folierte Zeug aus den Supermärkten! Man kommt so, nach einer gewissen Zeit, auch zu den wirklich guten Stücken, die es sonst nie ins Verkaufsregal schaffen.
- Selbst gemacht und frisch ist immer besser, trotzdem sollte man Dinge wie getrockneten Schnittlauch und Petersilie vorrätig haben und sich auch ab und zu mit Fertigprodukten wie Gnocchi und Suppenwürfeln aushelfen, wenn die Zeit nicht reicht – abgesehen davon, dass das Zubereiten von Gnocchi für dreißig Fresssäcke eine echte Hackn ist!
- In diesem Buch gibt's Erdäpfel, Schlagobers und Fisolen, nicht Kartoffeln, Sahne und grüne Bohnen. (Sollte es jemals eine Ausgabe dieses Buchs zu den Germanen schaffen, bitte ich um Entschuldigung und Nachsicht. Bis dahin aber nicht!)
- Da wir während unseres Dienstes verständlicherweise strengstes Alkoholverbot haben, basieren sämtliche Rezepte mit Weinen, Schnäpsen, Likören oder Bier selbstverständlich auf deren alkoholfreien Varianten – ich will ja kein Problem mit der Dienstführung bekommen. Sie erinnern sich: griesgrämige Tanten und strenge Großväter ... Aber Spaß beiseite, ein Schweinsbraten schmeckt mit alkoholfreiem Bier übergossen genauso gut, Rumaroma tut's auch zur Not, und zu Hause können wir ja schließlich alle machen, was wir wollen.
- Ich werde Ihnen nicht vorschreiben, genau 2.750 ml Wasser mit 1 ½ TL Salz zum Kochen zu bringen. Ich denke, Formulierungen wie „reichlich Salzwasser" sollten in so einem Fall genügen. Das Wissen, dass man Fleisch und Fisch vor der Zubereitung wäscht, Gemüse putzt und oftmals schält und dergleichen, setze ich ebenfalls voraus und schreibe es nicht bei jedem Rezept dazu.
- Wer nach dem Überfliegen der Rezeptübersicht glaubt, wir ließen es uns zu gut gehen, dem sei gesagt: Wir kochen und zahlen unser Essen selbst, das bedeutet

wir müssen selbstverständlich auch mit unserem Geld haushalten. Aber wenn man sich mehrmals hintereinander mit Wurstfleckerln, Erdäpfelauflauf oder Eierhörnchen zufrieden gegeben hat, geht sich dann auch mal ein Steak oder eine Entenbrust aus. Außerdem soll für die jährliche Weihnachtsfeier ja auch noch was übrig bleiben.

- Da wir uns während des Dienstes nur in den seltensten Fällen um das schöne Anrichten scheren und über fünfzig Gerichte nicht so wirklich gut rüberkämen, wenn sie auf den immergleichen Standardtellern der Stadt Wien fotografiert würden, hab ich die meisten Rezepte bei mir zu Hause gekocht und mit der Hilfe eines Beleuchters (Sohn Timo, 11 Jahre alt) und meinem alten Samsung-Handy abgelichtet. Sprich, die Fotos kommen nicht ganz original aus der Feuerwehrküche und schon gar nicht vom Profi, und man sieht es den meisten auch an. Dafür sind sie aber auch echt und nicht „gephotoshoppt".
- Nicht für alle Zitate im Buch verbürge ich mich, sie sind zum Teil schon seit Feuerwehrgenerationen überliefert. Und auch wenn sie vielleicht nicht alle genau so von den angegebenen Personen geäußert wurden, so geben sie dennoch Anlass zum Schmunzeln.
- Der Großteil der im Buch beschriebenen Suppen und Süßspeisen kann mit einem guten Stück Brot dazu oder bei großzügiger Portionsgröße durchaus als Hauptspeise durchgehen.
- Gekocht wird, wann Zeit ist! Und dann gleich mehr. Mit dem Essen verhält es sich genauso!
- Zum Abschluss möchte ich Sie noch ersuchen, weder die Rezepte noch die Bilder, Gschichtln und Aussagen eins zu eins den Sektionen zuzuordnen, da diese im Sinne einer besseren Buchgestaltung von mir verteilt wurden. Nur die Küchenmannschaften sind dort, wo sie hingehören! Es handelt sich übrigens größtenteils um Dienstgruppe A, weil es für mich einfacher war, sie nach meinen Diensten zu besuchen! Gekocht wird in der B-Gruppe aber genauso gut!

SEKTION I

ZENTRALE FEUERWACHE AM HOF

Zugswache Landstraße

DIE ZENTRALFEUERWACHE IST DIE ÄLTESTE FEUERWACHE WIENS. BEREITS SEIT 1562 WURDEN AN DIESEM STANDORT IM DAMALIGEN ZEUG- UND HARNISCHHAUS DIE ERSTEN LÖSCHGERÄTE UND WASSERWAGEN AUFBEWAHRT.

Ab 1686 versahen die ersten bezahlten Feuerknechte in der Zentralfeuerwache Dienst und begründeten so die erste Berufsfeuerwehr der Welt. 1732 wurde das Zeughaus nach den Plänen des kaiserlichen Zeugwartes Anton Opel umgebaut. 1884 wurden der Wiener Feuerwehr aufgrund des wachsenden Personalstandes und Ausrüstungsbedarfes die Häuser Nr. 9 & 10 zur Gänze überlassen. 1935 wurde auch das Haus Nr. 7, eines der schönsten Barockgebäude Wiens, von der Stadt zugekauft und der Feuerwehr zur Verfügung gestellt.

Während des Zweiten Weltkrieges wurde die Zentralfeuerwache mehrmals von Bomben getroffen und größtenteils zerstört. Bis zur Wiederinbetriebnahme im Jahr 1956 war die Direktion deshalb in der Judengasse 6 untergebracht.

Bei Bauarbeiten in den 50er Jahren wurden im Keller des Hauses Nr. 9 Überreste des römischen Kastells Vindobona entdeckt, darunter ein Teil des Hauptkanals, welcher der XIII. Legion zugeordnet wurde. Er ist noch heute erhalten und kann in einem eigens eingerichteten Schauraum besichtigt werden.

Heute ist die Zentralfeuerwache Sitz der Direktion und eines Großteils der Verwaltung sowie der Dienstführungen aller Funktionssparten. Neben zwei kompletten Löschbereitschaften sind auch noch diverse Sonderfahrzeuge, wie etwa ein Abschleppfahrzeug, ein Atemschutzfahrzeug, diverse Direktionsfahrzeuge sowie ein Leitstellenfahrzeug für Großereignisse stationiert.

Auch einige feuerwehrspezifische Werkstätten (unter anderem Atemschutz- und Funkwerkstatt) und das Feuerwehrmuseum sind an diesem Standort untergebracht.

Insgesamt versehen hier rund 100 Beamte 24-stündigen Wechseldienst.

Im Jahr 1980 wurde die Zentralfeuerwache durch eine Zugswache im 3. Wiener Gemeindebezirk verstärkt. Die strategisch richtig, nämlich direkt an der Wiener Südosttangente positionierte Wache garantiert kurze Anfahrtszeiten, vor allem in diesem Bereich.

In der Zugswache Landstraße sind zwei Löschgruppen, Sonderfahrzeuge wie ein LKW-Abschleppfahrzeug, ein Kranfahrzeug und diverse Wechselaufbauten für Großereignisse stationiert.

ALEX (MITTE) MIT KURT, PHILIPP, MICHAEL UND MARTIN (V.L.)

„Keine Kantine und kein noch so gutes Take-out könnte uns so viel bedeuten, wie wenn wir für einander kochen. Wenn du morgens um halb vier von einem zweistündigen, nicht immer angenehmen Einsatz auf der verregneten, kalten Südosttangente einrückst und du dir noch einen Teller von der übriggebliebenen Suppe wärmen kannst, ist das besser als alles, was sonst jemand für dich tun könnte."

ROBERT, 44, BAUSPENGLER

Karfiolcremesuppe mit Erdäpfeln

ZUBEREITUNG

1 Die Erdäpfel schälen, klein würfeln und in reichlich Salzwasser ca. 15 Minuten fertig kochen. **2** Die Zwiebel fein hacken und in einem Topf in wenig Öl andünsten. **3** Den Karfiol waschen und in kleine Rosen zerteilen. **4** Die Karfiolrosen zu den Zwiebeln geben, kurz mitrösten und mit der Suppe aufgießen. Etwa 12 Minuten lang köcheln lassen.
5 Mit einem Schaumlöffel ein Drittel der Karfiolrosen aus der Suppe heben und den Rest mit einem Stabmixer pürieren.
6 Die vorgekochten Erdäpfel und den restlichen Karfiol wieder zur Suppe geben, mit Salz und Pfeffer abschmecken und noch einmal aufkochen lassen.
7 In Schüsseln schöpfen und servieren.

ZUTATEN FÜR 4 PORTIONEN

1 Karfiol

1 ½ Liter Gemüsesuppe

1 kleine Zwiebel

½ kg speckige Erdäpfel

Öl

Salz

Pfeffer

Entenbrust mit roten Schupfnudeln und Pfirsich-Chili-Chutney

ZUBEREITUNG

1 Die Fettschicht der Entenbrüste rautenförmig einschneiden (dabei nicht das Fleisch verletzen), salzen und pfeffern. **2** In einer schweren Pfanne ohne Zugabe von Fett die Entenbrüste zuerst auf der Fettseite, dann auf der Fleischseite scharf anbraten und in einem flachen Geschirr im auf 90 Grad vorgeheizten Backrohr für ca. 35 Min. fertig garen. **3** In der Zwischenzeit die Schupfnudeln in reichlich Salzwasser fast fertig kochen und warmstellen. **4** Den Großteil des ausgetretenen Entenfettes ausgießen und im Bratensatz die fein gewürfelte Zwiebel anschwitzen, fein gewürfelte Pfirsiche und Piri Piris dazugeben und weichdünsten. Mit Balsamico und Sojasauce pikant abschmecken und kühl stellen. **5** In einer beschichteten Pfanne 100 ml Rote-Rüben-Saft auf ca. ein Fünftel einreduzieren, bis er eine fast cremige Konsistenz hat. Dann die Schupfnudeln darin schwenken, bis sie schön tiefrot sind. **6** Die Entenbrüste in Tranchen schneiden, mit dem Chutney und den Schupfnudeln anrichten. **7** Dazu passt auch sehr gut ein Salat aus Rucola und Bohnensprossen, mariniert mit Birnenessig und Sesamöl, um das Farbenspiel perfekt zu machen.

ZUTATEN FÜR 4 BIS 6 PORTIONEN

4 Entenbrüste

Salz

Pfeffer

500 g Schupfnudeln
Siehe Mohnnudelrezept auf Seite 26

100 ml Rote-Rüben-Saft

1 kleine Dose Pfirsiche, fein gewürfelt

2 Piri Piris

1 kleine rote Zwiebel, fein gewürfelt

Sojasauce

Balsamicoessig

Warmes Roastbeef mit Erdäpfel-Kapern-Stampf

Unbedingt mehr machen! Schmeckt auch kalt auf Sandwiches!

ZUTATEN FÜR 8 BIS 10 PORTIONEN

- eine Beiried à ca. 2,5 kg
- Salz, Pfeffer
- Öl
- scharfer Senf
- ca. 2 kg Beilagenerdäpfel
- Butter
- Milch
- 1 kleines Glas eingelegte Kapern
- 1 Handvoll Rucola
- 2 TL eingelegte grüne Pfefferkörner
- Crème fraîche

ZUBEREITUNG

1 Die Beiried von Sehnen und Fett befreien, stark mit Salz und Pfeffer einreiben und mindestens zwei Stunden bei Raumtemperatur stehen lassen.

2 In einem großen Bräter Öl erhitzen, die Beiried auf allen Seiten scharf anbraten, rausnehmen, dick mit Senf bestreichen, auf einen Rost legen und im vorgewärmten Backrohr bei 120 Grad ca. 60–80 Minuten fertig garen. Die Kerntemperatur sollte ungefähr bei 57 Grad (für medium) liegen.

3 Für den Stampf die Erdäpfel schälen, würfeln und in reichlich Salzwasser weich kochen (dauert 15–20 Minuten).

4 Die Erdäpfel abgießen und etwas vom Kochwasser zurückbehalten, mit Butter und Milch zu einem groben Stampf zerdrücken. **5** Mit Salz und Pfeffer abschmecken und die Kapern und den Rucola unterheben. **6** Das Roastbeef aus dem Rohr nehmen und vor dem Anschneiden noch 10 Minuten rasten lassen, damit sich das Fleisch entspannen kann.

7 In einer beschichteten Pfanne mit etwas Butter 2 Teelöffel grüne Pfefferkörner erhitzen und mit dem Bratensaft ablöschen. **8** Crème fraîche unterrühren und einkochen lassen. Jetzt noch ein wenig kalte Butter einrühren und mit Salz und Pfeffer abschmecken.

9 Aus dem Roastbeef quer zur Faser dünne Scheiben schneiden und mit dem Stampf anrichten.

„Als ich bei der Feuerwehr das erste Mal in der Küche aushalf, sagte mein Kollege zu mir, ich soll noch eine Muskatnuss ins Püree geben. Hab ich auch, nur hat mir niemand gesagt, dass ich sie vorher reiben soll. Das hör ich nun schon seit über 22 Jahren."

RUDI, 45, GELERNTER SCHLOSSER

Bierbratl mit Semmelknödeln

ZUBEREITUNG

Die Schritte 1 bis 3 am besten schon am Vortag erledigen.

1 In einem Topf die Suppe mit 2 Esslöffeln Kümmel aufkochen und die beiden Fleischstücke nacheinander mit der Schwartenseite einlegen, je ca. 15 Minuten köcheln lassen.

2 Das Fleisch aus der Suppe nehmen und schröpfen (die Schwarte rautenförmig einschneiden). Die Suppe aufheben.

3 Die Stücke großzügig mit Salz, Pfeffer, Kümmel und dem Knoblauch einreiben.

4 Die Knochen auf einem tiefen Blech verteilen, die Fleischstücke mit der Schwarte nach oben darauf setzen und in das auf 230 Grad vorgeheizte Backrohr schieben. Nach ca. 10 Minuten die Temperatur auf 180 Grad reduzieren und mit der Suppe untergießen. **5** Jetzt die Braten für ca. 1 ½ Stunden weiterbraten, dabei öfter und abwechselnd mit dem heißen Bratensaft und dem eiskalten Bier übergießen.

6 Für die Semmelknödel die Zwiebel in reichlich Butter glasig anschwitzen, 3 Esslöffel Petersilie zugeben, salzen, pfeffern und mit der Milch ablöschen. Diese ein wenig erwärmen, aber nicht aufkochen lassen. Muskatnuss nach Belieben hineinreiben. **7** Die Milchmischung noch warm über das Knödelbrot gießen und dann 5 versprudelte Eier unterrühren; ca. 20 Minuten ziehen lassen.

8 Etwa 3 Esslöffel Grieß und je nach Konsistenz noch ein wenig Mehl untermischen. **9** Mit befeuchteten Händen 8–10 Knödel formen und für ca. 20–25 Minuten in leicht siedendes Wasser einlegen. Unbedingt als Erstes einen Probeknödel kochen!

10 Wenn die Schwarte kurz vor Ende der Bratzeit noch nicht wie gewünscht aussieht, die Temperatur wieder auf 230 Grad erhöhen und die Backrohrtür einen Spalt öffnen. **11** Die Braten aus dem Rohr nehmen und eine Viertelstunde rasten lassen. In der Zwischenzeit das Fett vom Bratensaft abschöpfen, etwas Wasser zugeben und auf die Hälfte einreduzieren.

Dazu passt am besten der Erdäpfel-Vogerl-Salat von Seite 61 und/oder Sauerkraut.

ZUTATEN FÜR 6 BIS 8 PORTIONEN

1 kg Bauchfleisch

2 kg ausgelöstes Karree mit Schwarte plus Knochen

Salz, Pfeffer, Kümmel

6–8 Knoblauchzehen, fein gehackt oder gepresst

2 l Rind- oder Gemüsesuppe

½ bis 1 l dunkles Bier

½ kg Knödelbrot oder altbackene Semmeln

frische Petersilie

1 große Zwiebel, fein

gehackt

Butter

½ l Milch

5 Eier

Muskatnuss

Mehl

Grieß

Mohnnudeln mit Apfel-Birnen-Kompott

ZUTATEN FÜR 4 PORTIONEN

½ kg mehlige Erdäpfel
2 Eier
ca. 200 g griffiges Mehl
etwas Milch
Salz
2 Äpfel
2 feste Birnen
Zitronensaft
Zimt
Zucker
eventuell etwas Stärkemehl

ZUBEREITUNG

1 Für das Kompott die Äpfel und Birnen schälen, entkernen, in Spalten schneiden und in einen Topf geben. **2** Mit Wasser bedecken, den Zitronensaft und Zimt und Zucker nach Belieben dazugeben, einige Minuten lang kochen.

3 Wenn eine leichte Bindung gewünscht wird dann etwa ½ Teelöffel Stärkemehl in kaltem Wasser auflösen, untermischen und kurz mitkochen; vom Herd nehmen und auskühlen lassen.

4 Die Erdäpfel schälen, weich kochen und noch heiß durch eine Presse drücken und ausdampfen lassen. **5** Mit dem Mehl, den Eiern und einer kleinen Prise Salz einen festen Teig kneten (eventuell etwas Milch zugeben).

6 Aus dem Teig ca. 8 cm lange, fingerdicke Nudeln formen und kurz in leicht gesalzenem Wasser kochen. **7** Die Nudeln mit einem Schaumlöffel aus dem Wasser heben und in einer Pfanne mit geschmolzener Butter leicht braun anrösten.

8 Die Pfanne vom Herd nehmen, Nudeln mit Mohn bestreuen und durchschwenken.

9 Die Mohnnudeln auf Tellern anrichten, mit Staubzucker bestreuen und mit dem Kompott servieren.

**„Meiner Frau ist's recht:
Seit ich bei der Feuerwehr bin,
braucht sie nicht mehr zu kochen.
Das mach jetzt ich."**

ANDREAS, 28, GELERNTER ELEKTRIKER

Unten: Auch während der Ausbildung ist einmal Zeit für ein cooles Foto

SEKTION II

HAUPTFEUERWACHE LEOPOLDSTADT

Gruppenwache Kaisermühlen

IM JAHR 1966 WURDE DIE HAUPTFEUERWACHE LEOPOLDSTADT VOM DAMALIGEN BÜRGERMEISTER BRUNO MAREK ERÖFFNET. AUFGRUND DER NÄHE ZUR DONAU IST HIER NEBEN EINER KOMPLETTEN LÖSCHBEREITSCHAFT AUCH EINE GRUPPE EINSATZ-TAUCHER STATIONIERT.

Auf dem Gelände der Wache befindet sich eine zweistöckige, mit Sichtfenstern ausgestattete Tauchkammer zur ganzjährigen Durchführung von Aus- und Weiterbildungen der Einsatztaucher. Des Weiteren verfügt die Wache über eine eigene Bootswerkstätte, in der die feuerwehreigenen Boote und Zillen repariert, gewartet und einsatztauglich gehalten werden.

Mit der Entstehung der Donaucity und der daraus resultierenden Zunahme an Einsätzen wurde es notwendig, in diesem Einzugsgebiet eine weitere Gruppenwache zu installieren. Nur so kann eine effektive und schnelle Einsatzbewältigung gewährleistet werden. Die Gruppenwache Kaisermühlen wurde 2001 eröffnet und beherbergt ein Gruppenfahrzeug, ein Taucherfahrzeug sowie ein Geländelöschfahrzeug.

Orangen-Karotten-Suppe mit Ingwer

ZUBEREITUNG

1 Die Zwiebel fein hacken und den Ingwer fein reiben. Eine Karotte in feine Scheiben schneiden, die restlichen Karotten grob raspeln. **2** In einem Topf die gehackte Zwiebel glasig anschwitzen. **3** Die geriebenen Karotten, je 2 Teelöffel geriebenen Ingwer und Majoran dazugeben und kurz mitrösten. **4** Mit Orangensaft und der Gemüsesuppe ablöschen und ca. 10 Minuten kochen lassen. **5** Etwa ein Drittel der Karotten mit einem Schaumlöffel herausheben und den Rest der Suppe mit einem Stabmixer pürieren. **6** Die restlichen Karotten wieder dazugeben und mit Salz und Pfeffer abschmecken. **7** In einer beschichteten Pfanne die Karottenscheiben in wenig Öl knusprig braten und auf der angerichteten Suppe verteilen. **8** Mit gehackter Petersilie bestreuen und servieren.

ZUTATEN FÜR 4 PORTIONEN

1 l Gemüsesuppe

½ kg Karotten

Öl

1 Zwiebel

Saft von 3 Orangen

ca. 2 cm großes Stück frischer Ingwer

Salz, Pfeffer

Majoran

frische Petersilie

**HUBERT (2.V.L.)
MIT MICHI, MARKUS
UND MARTIN (V.L.)**

> „Na klar schaun wir auch auf unsere Vegetarier. In der Küche ist's uns egal, ob wir vor den Schnitzeln noch einen Emmentaler panieren oder eine Scheibe Tofu."
>
> ROBERT, 37,
> GELERNTER LANDMASCHINENMECHANIKER

„Vor 9 Monaten hab ich nicht einmal gewusst, wie man Zwiebeln schneidet. Heute kann mein Gulasch mit den besten mithalten!"

GREGOR, 23, GELERNTER ELEKTRIKER

Von der Imkerei über die Beseitigung von Schadstoffen bis zum Großbrand reicht das Einsatzgebiet der Feuerwehr

Hendlfilet mit Steinpilzrisotto

ZUBEREITUNG

1 Die Hendlfilets von Fett und Sehnen befreien und in jeweils 2 gefällige Schnitzel schneiden, salzen und pfeffern.
2 Den Reis in einem Sieb so lange unter kaltem, fließendem Wasser spülen, bis das abfließende Wasser klar ist, und auf einem Küchentuch trocknen.
3 Die Hendlschnitzel in einem Butter-Öl-Gemisch scharf anbraten und im Backrohr bei 60 Grad warmhalten.
4 Die gehackte Zwiebel in Butter leicht anschwitzen, den abgetrockneten Reis einrühren und mitrösten, bis er glasig ist.
5 Jetzt die Pilze dazugeben und noch eine Minute mitbraten.
6 Mit dem Weißwein ablöschen und immer so viel von der Suppe eingießen, dass das Risotto feucht gehalten wird, sich aber keine „Lacken" bilden. **7** Unter ständigem Rühren immer wieder so viel Suppe zugeben, wie das Risotto aufnehmen kann (das dauert je nach Reissorte zwischen 15 und 20 Minuten). **8** Wenn das Risotto innen noch leicht kernig ist, 2–3 Esslöffel kalte Butter, ein wenig gehackten Schnittlauch und den geriebenen Parmesan unterrühren und mit Salz und Pfeffer abschmecken.
9 Das Risotto mit den Hendlfilets anrichten, mit gehacktem Schnittlauch bestreuen und rasch servieren, da das Risotto schnell nachzieht.

ZUTATEN FÜR 5 PORTIONEN

5 große Hendlfilets

Salz, Pfeffer

Öl

ca. 300 g Risottoreis

1 kleine rote Zwiebel und/oder ein kleines Stück Lauch

50 g getrocknete oder 250 g frische Steinpilze bzw. Pilzmischung

¼ l Weißwein

ca. 1 l heiße Rind- oder Gemüsesuppe

frischer Schnittlauch

5–6 EL Parmesan, frisch gerieben

ca. 3 EL kalte Butter

Porterhouse mit Speckfisolen und scharfem Apfelsalat

Mit dieser Sous-vide-Methode kann man sich alle großen Fleischstücke zart und saftig schummeln!

ZUTATEN FÜR 3 BIS 5 PORTIONEN

1 Porterhousesteak à ca. 1,6 kg

Olivenöl

Salz und Pfeffer aus der Mühle

2 Zweige Rosmarin

2 saure Äpfel

Zucker

1 kleine rote Zwiebel

2–3 Piri Piris

Apfel- oder Birnenessig

½ kg Fisolen

12 Streifen Frühstücksspeck

1 l Rindsuppe

ZUBEREITUNG

1 Ein bis zwei Tage vorher beim Fleischer des Vertrauens ein Porterhousesteak zuschneiden lassen, zu Hause mit Olivenöl einreiben und mit den Rosmarinzweigen belegen. Zurück zum Fleischer und das Steak vakuumieren lassen. In den Kühlschrank damit und in der Marinade ziehen lassen.

2 Mindestens 2 Stunden vor der Zubereitung das Fleisch aus der Kühlung nehmen.

3 Backrohr auf 60 Grad vorheizen, in einem großen, flachen Bräter Wasser auf ca. 70 Grad erhitzen. Für beides ein Thermometer verwenden. Das vakuumierte Fleisch einlegen und im Backrohr im Wasserbad ca. 2 ½ Stunden vorgaren, mehrmals wenden.

4 Für den Salat die Äpfel und die Zwiebel in feine Scheiben hobeln und sofort mit Essig marinieren, damit sie nicht braun werden. Die gehackten Piri Piris untermischen und mit Salz und Zucker abschmecken.

5 Die Fisolen in der Suppe fast gar kochen, kalt abschrecken, damit sie ihre Farbe behalten, und auf einem Küchentuch trocknen. Dann Päckchen von 8–10 Stück mit je einem Speckstreifen straff umwickeln.

6 Das Steak aus dem Rohr nehmen, auspacken und trockentupfen. Besonders ansehnlich ist das jetzt nicht, aber das ändert sich in Kürze! **7** In einer großen schweren Grillpfanne ein wenig Olivenöl erhitzen und die Steaks auf beiden Sei-

ten jeweils 4 Minuten scharf anbraten, danach im Rohr bei 80 Grad noch 10 Minuten rasten lassen.

8 In der Zwischenzeit die Fisolenpäckchen rundum anbraten und auf einer großen Platte mit dem Apfelsalat anrichten. Das Steak aus dem Rohr nehmen, mit Salz und Pfeffer würzen und quer zum Knochen einschneiden.

9 Die Platte zur Selbstbedienung auf den Tisch stellen. Dazu passt Baguette und jede Art von Sauce, aber auch Brat- oder Fächererdäpfel eignen sich hervorragend als Beilage.

Außenangriff mittels Drehleiter bei einem Wohnungsbrand

„Warum Lebensmittel aus der ganzen Welt importieren, wenn Österreich so viel zu bieten hat? Man könnte zwei Menschenleben lang täglich etwas anderes essen und leicht auf Dinge verzichten, die tausende Kilometer zu uns reisen müssen."

MARKUS, 26, GELERNTER BÜROKAUFMANN

Schweinsfilet mit Lauchkäsesauce und Chilibandnudeln

ZUBEREITUNG

1 Die Filets salzen und pfeffern, in einem schweren Topf in Öl-Butter-Gemisch scharf anbraten und im Backrohr bei 90 Grad etwa 35 Minuten fertig garen.

2 Im Bratensatz den fein geschnittenen Lauch leicht anschwitzen, eventuell noch etwas Butter zugeben, mit dem Wein und der Suppe ablöschen und ein wenig einreduzieren.

3 Den Lauch weich dünsten und mit einem Stabmixer passieren. **4** Obers zugießen und die Hitze reduzieren (darf nicht mehr kochen!) **5** Gewürfelten Brie und Schmelzkäsewürfel nach und nach zugeben und unter ständigem Rühren schmelzen (einige kleine Stücke erst kurz vor dem Servieren einlegen, damit sie nicht ganz schmelzen). **6** Mit Salz, Pfeffer und Muskatnuss abschmecken und, falls eine dickere Sauce gewünscht wird, mit einem Teelöffel in Wasser aufgelöster Speisestärke binden. **7** Gehackte Petersilie einrühren.

8 Bandnudeln nach Packungsanleitung zubereiten, die Filets in schräge Tranchen schneiden, alles gefällig auf Tellern anrichten und noch mit ein wenig Petersilie dekorieren.

ZUTATEN FÜR 5 PORTIONEN

2 Schweinefilets à ca. 600 g

Salz und Pfeffer aus der Mühle

Muskatnuss

Öl

Butter

1 kleine Stange Lauch

frische Petersilie

1 l Rind-oder Gemüsesuppe

⅛ l guter Weißwein

¼ l Schlagobers

ca. 200 g Brie, entrindet

3–4 Schmelzkäsewürfel

eventuell Stärkemehl

½ kg Chilibandnudeln

Mascarponeschmarrn mit Zwetschkenröster

Der Kaiser möge uns verzeihen

2 HAUPT- ODER 4 NACHSPEISEN

4 Eier
250 g Mascarpone
100 g Universalmehl
Salz, Butter
50 g Zucker
1 EL Zitronenzesten
⅛ l Milch
Staubzucker
½ kg Zwetschken
100 ml Wasser
120–150 g Zucker
Saft einer Zitrone
1 Zimtstange
1 TL Gewürznelken

ZUBEREITUNG

1 Den Zwetschkenröster am besten am Vortag zubereiten.

2 Die halbierten und entkernten Zwetschken mit Zucker, Wasser, Zimtstange, den Gewürznelken und dem Zitronensaft aufkochen und auf kleiner Flamme weichköcheln.

3 Eventuell noch mit Zitronensaft und Zucker abschmecken und auskühlen lassen.

4 Für den Schmarrn 2 Eier trennen und die beiden Eiklar mit einer Prise Salz zu einem steifen Schnee schlagen. **5** Die übrigen Eier mit den Dottern, dem Zucker und den Zitronenzesten versprudeln. **6** Abwechselnd die Milch, das Mehl und den Mascarpone mit einem Handmixer einarbeiten. **7** Den Schnee ganz locker unterheben, sodass ein weicher Teig entsteht der nicht durchgehend die gleiche Konsistenz haben soll. Es sollen noch Eiweißflecken erkennbar sein!

8 In einer großen, schweren Pfanne bei nicht allzu großer Hitze 2–3 Esslöffel Butter zergehen lassen und den Teig 2–3 cm hoch einfüllen. **9** Die Unterseite anbacken, in 4 Stücke zerteilen und mit einem Tortenheber wenden und leicht weiterbacken. Dann den Teig mit 2 Gabeln in kleinere Stücke zerreißen und fertig backen.

10 Auf Tellern mit dem Zwetschkenröster anrichten und mit Staubzucker bestreuen.

„Ich hab fast hundert Kochbücher zu Hause, aber noch nie nach Rezept gekocht."

MARTIN, 45, GELERNTER MASCHINENSCHLOSSER

„Mir ist eigentlich wurscht, was es gibt. Hauptsache es ist gut und genug!"

NORBERT, 50, GELERNTER SCHMIED

Bei einem Fahrzeugbrand ist es sehr selten der Fall, dass man wie hier eine Drehleiter benötigt

SEKTION III

HAUPTFEUERWACHE FAVORITEN

Zugswache Simmering
Gruppenwache Rudolfshügel

DIE HAUPTFEUERWACHE FAVORITEN WURDE 1908 ERRICHTET UND WÄHREND DES ZWEITEN WELTKRIEGS FAST VOLLSTÄNDIG ZERSTÖRT. IN DER NACHKRIEGSZEIT WURDE DIE WACHE NEU ERRICHTET UND IM JAHR 1951 WIEDER IN DIENST GESTELLT.

Die Hauptfeuerwache (HFW) ist eine Ausbildungswache, auf der vor allem die Grund- und Chargenschulen im Bereich Branddienst sowie einzelne Offiziersausbildungen abgehalten werden. In Favoriten sind eine komplette Löschbereitschaft wie auch ein Großtankfahrzeug stationiert.
Aufgrund der wachsenden Zahl an Einsätzen wurde im Jahr 1962 die Sektion III durch eine Gruppenwache am Rudolfshügel verstärkt. Diese ist auch Station für ein weiteres Löschfahrzeug sowie für ein Abschleppfahrzeug. Kurz darauf war durch den immer größer werdenden Zuzug im Osten Wiens eine weitere Wache nötig.
Im Jahr 1970 wurde die Zugswache Simmering eröffnet, welche heute Standort für drei Löschfahrzeuge ist.

Waldviertler Stosuppe mit Erdäpfelschmarrn

ZUTATEN FÜR 5 BIS 7 PORTIONEN

1 l Rind- oder Gemüsesuppe

1 l Milch

1 Becher Rahm

Salz und Pfeffer

gemahlener Kümmel

Muskatnuss

eventuell Speisestärke

1 kg Erdäpfel (vorwiegend festkochend)

1 große Zwiebel

ganzer Kümmel

Butter

frischer Schnittlauch

frische Petersilie

ZUBEREITUNG

1 Die Erdäpfel schälen, grob würfeln und in reichlich Salzwasser fast gar kochen; abseihen und ausdampfen lassen.
2 Die Suppe zum Kochen bringen. Milch und Rahm zugeben, mit Salz, Pfeffer, dem gemahlenen Kümmel und Muskatnuss abschmecken und unter ständigem Rühren nochmals aufkochen. **3** Sollte eine kräftigere Konsistenz gewünscht sein, einen Teelöffel Speisestärke in etwas kaltem Wasser auflösen und die Suppe damit binden.
4 In einer großen, schweren Pfanne Butter mit ein wenig Öl erhitzen und die gehackte Zwiebel mit dem Kümmel darin leicht glasig anschwitzen. **5** Die Erdäpfelwürfel zugeben und mit dem Kochlöffel ein wenig zerstampfen. **6** Eventuell noch ein wenig Butter dazugeben. **7** Salzen, pfeffern und den Schmarrn leicht anrösten.
8 Frische Petersilie unterheben und auf einem tiefen Teller mit der Suppe anrichten. **9** Mit frisch geschnittenem Schnittlauch bestreuen und servieren.

„Jetzt mach ich das schon seit 22 Jahren, aber übrig geblieben ist noch nie etwas!"

FRANZ, 46, GELERNTER TISCHLER

ROBERT, HARRI UND WERNER (V. L.)

„Was tun, wenn dich ein Kollege um sieben Uhr früh in seinen Kofferraum schauen lässt, und da liegt eine 70 Kilo schwere Wildsau, die er von seinem Onkel geschenkt bekommen hat? – Ganz einfach: das Vieh zerlegen und den Speiseplan für die nächsten zwei Wochen ändern. Und gut war sie!"

MARTIN, 46, SCHIFFBAUER

Schweinsfilet mit Parmesankruste, dazu Spaghetti mit Tomatensauce

ZUTATEN FÜR 5 PORTIONEN

2 Schweinefilets à ca. 700 g

Parmesan, frisch gerieben

Salz, Pfeffer

Öl

Brösel

1 Ei

Petersilie, gehackt

Obers

ca. 600 g Spaghetti

2 Dosen geschälte Tomaten

1 Zwiebel

2–3 Zehen Knoblauch

Olivenöl

Oregano und Basilikum, getrocknet

1 frischer Chili oder 2 Piri Piris, gehackt

frisches Basilikum

ZUBEREITUNG

1 Die Schweinsfilets von Fett und Sehnen befreien, salzen und pfeffern. **2** Die Filets in einer beschichteten Pfanne in ein wenig Öl rundum scharf anbraten und auf ein Backblech legen.

3 Für die Parmesankruste geriebenen Parmesan, Ei, Brösel, Petersilie und, falls nötig, ein wenig Obers zu einer festen Masse verkneten und zwischen zwei Lagen Frischhaltefolie ca. 8–10 mm dünn ausrollen. **4** Die ausgerollte Masse zuschneiden und auf die vorgebratenen Filets drücken.

5 Im vorgeheizten Backrohr bei ca. 180 Grad Oberhitze (oder Grillfunktion) ca. 15–20 Minuten lang fertig garen.

6 Für die Tomatensauce die fein gehackte Zwiebel in ein wenig Olivenöl anschwitzen, gehackten Knoblauch zugeben und wenn auch dieser ein wenig Farbe genommen hat die geschälten Tomaten und den gehackten Chili untermengen.

7 Die Tomaten im Topf etwas zerkleinern, mit Salz, Pfeffer, Oregano und Basilikum würzen und sämig einkochen lassen.

8 Die Spaghetti in reichlich Salzwasser nach Anleitung bissfest kochen, abgießen. **9** Aus den Spaghetti ein Nest formen, mit der Tomatensauce füllen und 3 bis 4 Tranchen vom Filet in die Mitte setzen. Mit frischen Basilikumblättern dekoriert servieren.

„I hab nie etwas mit der Küche am Hut ghabt und durch die Feuerwehr einen ganz anderen Bezug zum Kochen bekommen. Mittlerweile halt ich mich selbst für recht gut, und es hat mir sogar geholfen meine Freundin – jetzt Frau – rumzubekommen."

CHRISTIAN, 28, GELERNTER ELEKTRIKER

Teilweiser Einsturz eines Gebäudes nach einer Explosion

Ingwerfisch mit Paprikagemüse und Reis

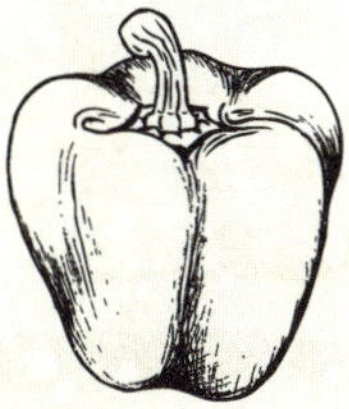

ZUBEREITUNG

1 Die Fischfilets in ca. 3 cm breite Streifen schneiden, mit Salz, Pfeffer und Zitrone würzen und mindestens 2 Stunden marinieren.

2 Gemahlenen Ingwer mit Mehl und den Zesten der Zitrone vermengen und die Fischstreifen darin wälzen.

3 In einer großen Pfanne (noch besser in einem gusseisernen Wok) Sesamöl erhitzen, den Fisch darin portionsweise scharf und knusprig anbraten und bei 60 Grad im Backrohr warmhalten.

4 Die in Streifen geschnittene Zwiebel ebenfalls in Sesamöl anschwitzen, die gehackten Knoblauchzehen untermengen und dann die Paprikastreifen kurz mitbraten.

5 Gebratenes Gemüse mit etwas Sojasauce ablöschen und mit Cayennepfeffer oder Sambal Oelek abschmecken.

6 Den Reis nach Packungsanleitung zubereiten.

7 Alles gemeinsam auf einem Teller oder einer Platte anrichten und mit frischem Koriander dekorieren.

ZUTATEN FÜR 4 PORTIONEN

ca. 800 g Fischfilets
Weißfisch, z.B. Kabeljau oder Pangasius

1 Biozitrone

gemahlener Ingwer

griffiges Mehl

Salz, Pfeffer

je eine grüne, gelbe und rote Paprika

1 Zwiebel

2 Zehen Knoblauch

Sesamöl, Sojasauce

Cayennepfeffer oder Sambal Oelek

Basmati- oder Jasminreis

frischer Koriander

„I komm ursprünglich aus der Steiermark und bin mit 19 der Liebe wegen nach Wien gezogen. Als ich mit 23 einen meiner ersten Dienste hatte, stand auf der Tafel in der Küche, „Mittags gebackene Mäuse"! I hob ma dacht, die Wiener san alle deppert, und hab mich nicht angemeldet. Mittlerweile weiß ich, dass des a Fehler war!"

HANNES, 34, GELERNTER ZIMMERMANN

A gscheiter Topf Gulasch

Besser ois aus'm Kessel

Das Einzige, was dieses Gulasch noch besser macht, ist eine Gartenparty mit Lagerfeuer

ZUBEREITUNG

1 Vom Bauchfleisch die Fettseite abschneiden und kleinwürfelig schneiden. **2** Den Rest des Bauchfleisches in ca. 2 x 2 cm große Würfel schneiden. **3** Das Rindsgulaschfleisch in Würfel von ca. 3 x 3 cm schneiden. **4** Die Zwiebeln klein hacken. **5** Im größten verfügbaren Topf die fetten Stücke des Bauchfleisches bei geringer Hitze zu Grammeln auslassen und aus dem Schmalz heben, Zwiebeln dazugeben und braten. Eventuell ein wenig Öl ergänzen. **6** Wenn die Zwiebeln Farbe angenommen haben, den Rest des Bauchfleisches und das Gulaschfleisch hinzufügen und mitrösten.

7 Je 2 Esslöffel Paprikapulver scharf und edelsüß und 3 Löffel Tomatenmark beimengen und kurz mitrösten. Mit Balsamicoessig ablöschen und den Rotwein zugießen.

8 Das Gulasch aufkochen lassen, mit Salz und Pfeffer würzen und bei ganz geringer Hitze ca. 1 ½ bis 2 Stunden köcheln lassen oder im Rohr bei 140 Grad zugedeckt ca. 2 ½ Stunden fertigschmoren. Die Rindsuppe nur zugießen, wenn Fleisch und Zwiebeln allein zu wenig Flüssigkeit abgeben.

9 Eine halbe Stunde vor Garzeitende das Gulasch nochmals abschmecken und, falls gewünscht, Karotten, gelbe Rüben, Fisolen, weiße Bohnen oder Ähnliches hinzufügen. **10** Dazu passt eigentlich am besten eine resche Semmel vom Bäcker ums Eck (und ein, zwei Seidel Bier, wenn man nicht gerade im Dienst ist).

ZUTATEN FÜR CA. 12 PORTIONEN

1 kg richtig fettes Bauchfleisch

3 kg Rindsgulaschfleisch
am besten aus der Wade

3 kg Zwiebel

Tomatenmark

Salz

Pfeffer

Paprikapulver, scharf und edelsüß

½ Flasche guter Rotwein

Balsamicoessig, Öl

bei Bedarf ca. 1 l Rindsuppe

eventuell Gemüse: Karotten, gelbe Rüben, Fisolen, weiße Bohnen oder was auch immer das Herz begehrt

Der beste Gugelhupf der Welt

ZUTATEN FÜR EINEN GUGELHUPF

3 Eier

1 Packung Vanillezucker

230 g Kristallzucker

1 Packung Backpulver

3–4 EL Nutella

4 EL Milch

250 g glattes Mehl

Salz

Butter und Mehl für die Gugelhupfform

Staubzucker

ZUBEREITUNG

1 Die Eier in Dotter und Eiklar trennen. **2** Die Eiklar mit einer Prise Salz zu einem steifen Schnee schlagen.

3 Das Schlagobers halbfest aufschlagen und unter weiterem Rühren den Zucker und den Vanillezucker sowie die Milch hinzufügen.

4 Das Mehl und das Backpulver vermischen und in die Masse einrühren. **5** Jetzt den Eischnee unterheben.

6 Ein Drittel des Teiges mit der Nutella verrühren.

7 Die Gugelhupfform gut mit Butter ausstreichen und bemehlen. Zuerst den Teil mit Nutella einfüllen und dann den Rest der Masse.

8 Den Gugelhupf bei 180 Grad ca. eine Stunde backen.

9 10 Minuten rasten lassen, aber solange er noch warm ist vorsichtig von den Formwänden lösen, auf einen Teller stürzen und mit Staubzucker bestreuen.

„Es war wieder mal so ein Tag, an dem man zu gar nichts kommt. Also ist uns nichts anderes übrig geblieben, als unseren geschätzten Italiener ums Eck zu bemühen, der uns schon oft ausgeholfen hat. Leider hat der Kollege per SMS bestellt und sich vertippt. Anstatt 17 x Pizza Provinciale und 6 x Quattro Formaggi, hat er 117 Provinciale eingetippt.

Komisch ist es uns erst vorgekommen, als der Italiener nach über einer Stunde mit dem Kombi gekommen ist und nicht – wie sonst üblich – kurz darauf zu Fuß, mit 2 Taschen. Aber 123 Pizzen zu tragen ist bei geringer Körpergröße nicht so einfach. Er hat nur gemeint: ‚Was weiß ich, was ihr schon wieder vorhabt?' Was soll's? Wir sind zum Bankomaten gegangen und haben ihn nicht hängen lassen, die restlichen Pizzen eingefroren und während der nächsten Wochen verdrückt. Hoffentlich passiert nie etwas Schlimmeres."

BERND, 32, MASCHINENSCHLOSSER

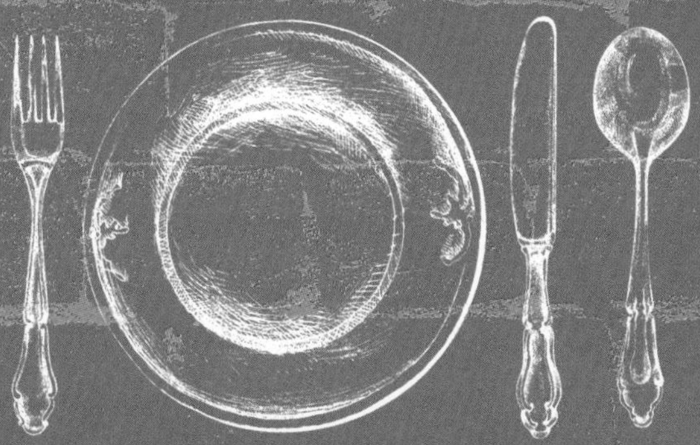

MIETCONTAINER

„Ich hab in den besten Häusern Wiens gelernt und gearbeitet, aber wie man gscheite Semmelknödel macht, das haben s' mir erst hier gezeigt!"

MARIO, 36, GELERNTER KOCH
(NAME GEÄNDERT, DER GENIERT SICH ...)

SEKTION

IV

HAUPTFEUERWACHE MARIAHILF

Gruppenwachen Penzing und Weidlingau

DIE HAUPTFEUERWACHE MARIAHILF WURDE VON 1912 BIS 1914 AN DER STELLE DES EHEMALIGEN GUMPENDORFER SCHLACHTHOFES, DIREKT AM DAMALS NOCH RUHIGEN GÜRTEL, ERRICHTET.

Im Jahr 1944, während des Zweiten Weltkrieges, wurde die Wache zwar schwer beschädigt, aber trotzdem nie außer Dienst genommen, da zum überwiegenden Teil „nur" die Mannschaftsunterkünfte betroffen waren. Die Schäden wurden jedoch nach Kriegsende rasch behoben, und nach einer Generalsanierung von 1994 bis 2000 erstrahlt die Wache wieder in altem, denkmalgeschütztem Glanz.

Hier versieht eine gesamte Löschbereitschaft Dienst. Die Wache beherbergt außerdem die Büros der Wiener Inspektionsrauchfangkehrer, die kontrollierend sowie einsatzmäßig von hier aus das gesamte Wiener Stadtgebiet anfahren.

Seit 1925 unterstützt die Gruppenwache Penzing mit einem weiteren Löschfahrzeug die Sektion IV von einem Gebäude der damals freiwilligen Feuerwehr Penzing aus, welches für die Zwecke der Berufsfeuerwehr adaptiert wurde.

1956 wurde dann noch die westlichste Feuerwache Wiens in Dienst gestellt: die Gruppenwache Weidlingau mit ebenfalls einem Löschfahrzeug.

Suppentopf mit Huhn und Glasnudeln

Die Rotfärbung der Suppe kommt von den roten Karotten. Wenn Sie diese weglassen, bleibt sie hell.

ZUTATEN FÜR 4 BIS 5 PORTIONEN

3 Hühnerkeulen oder -brüste
2 EL gehackter Ingwer
Öl
5–7 Piri Piris
3 Knoblauchzehen
1 Zwiebel
2 l Gemüsesuppe
Saft und Schale einer unbehandelten Zitrone
400 g Karotten (rot, gelb und orange)
150–200 g Glasnudeln
Salz
Pfeffer aus der Mühle
frischer Koriander
Lauch
eventuell Erdäpfelstärke

ZUBEREITUNG

1 Die Zwiebel und den Knoblauch fein hacken. Piri Piris und Lauch in feine Ringe schneiden. Die Schale der Zitrone reiben und die Zitrone auspressen. **2** Das Hühnerfleisch in einem Topf in wenig Öl braun anbraten und beiseitestellen. **3** Die Zwiebel und den Knoblauch im Bratensatz leicht glasig anbraten, die geschnittenen Piri Piris, die Zitronenschale und den gehackten Ingwer dazugeben und ganz kurz mitbraten. **4** Die Suppe und den Zitronensaft zugießen, die Hühnerkeulen einlegen und eine halbe Stunde kochen lassen. **5** Die Karotten und Rüben schräg in schöne Stücke schneiden und den Lauch in feine Ringe. **6** Nach 30 Minuten die Hühnerkeulen aus der Suppe nehmen, die Haut abziehen und das Fleisch von den Knochen lösen. **7** Zusammen mit dem geschnittenen Gemüse in die Suppe zurückgeben und nochmals für ca. 10 Minuten köcheln lassen. **8** Die Glasnudeln in eine Schüssel geben, mit kochendem Salzwasser übergießen und 1–2 Minuten ziehen lassen. **9** Die Glasnudeln abgießen und auf Suppenschüsseln verteilen. **10** Die Suppe mit Salz, Pfeffer und Sojasauce abschmecken und gegebenenfalls mit 1 Esslöffel in Wasser aufgelöster Erdäpfelstärke binden. **11** Die Suppe über die Nudeln gießen und mit gehacktem Koriander und den Lauchringen bestreuen.

CHRISTIAN, REINHARD, PHILIPP UND MARCO (V. L.)

„Wenn die jährliche Tauglichkeitsüberprüfung auf unserer Sektion ansteht, geben wir uns noch mehr Mühe gesund zu kochen und verzichten etwa auf Frittiertes. Das passt auch nicht allen. Aber wir versuchen auch die Mitglieder unserer ‚Backhendlmafia' zufriedenzustellen, bevor sie zu sehr murren."

ERNST, 40, GELERNTER SCHMIED

„Sind wir mal ehrlich. Ob auf einer Nachspeise ein frisches Blatt Minze liegt oder nicht, das interessiert in Wirklichkeit niemanden!"

MICHAEL, 46, GELERNTER TISCHLER

Pikante Topfennudeln mit Mangalitzagrammeln und Gurkensalat

ZUBEREITUNG

1 Den Selchspeck in Würfel von ca. 8 mm schneiden, die Zwiebel und den Knoblauch fein hacken. **2** Die Gurken der Länge nach halbieren, entkernen und in feine Scheiben schneiden. **3** Die Gurkenscheiben salzen, leicht zuckern und in einer Schüssel Wasser etwa eine Stunde ziehen lassen. **4** Gurken ausdrücken, mit der Hälfte des Knoblauchs, etwas gehackter Dille, Salz, Zucker, Essig und reichlich Kürbiskernöl abschmecken. Man kann auch noch einen Esslöffel Rahm unterrühren. **5** Die Bandnudeln in reichlich Salzwasser nach Packungsanleitung zubereiten, abseihen und warmhalten. **6** In einer großen beschichteten Pfanne bei mäßiger Hitze die Selchspeckwürfel auslassen und die entstehenden Grammeln mit einem Schaumlöffel rausheben, auf Haushaltspapier abtropfen lassen.

7 Im heißen Schmalz die gehackte Zwiebel und den Rest des Knoblauchs leicht glasig anschwitzen. **8** Mit den Bandnudeln vermengen, den Bröseltopfen und die Hälfte der Grammeln untermischen. Salzen, reichlich pfeffern und jetzt nicht mehr zu viel umrühren.

9 Die Topfennudeln auf einen Teller geben, die restlichen Mangalitzagrammeln drüberstreuen und mit frisch geschnittenem Schnittlauch dekorieren. Mit Gurkensalat servieren.

ZUTATEN FÜR 6 PORTIONEN

1 kg Bandnudeln

500 g Bröseltopfen

ca. 400 g weißer Selchspeck ***(am besten vom Mangalitzaschwein)***

Salz

frischer Pfeffer aus der Mühle

1 Zwiebel

4 Zehen Knoblauch

2 Salatgurken

frische Dille

Essig

gutes Kürbiskernöl

Zucker

frischer Schnittlauch

Angeblich ist es in den 70er Jahren vorgekommen, dass sich ein Wirt für die Rettung seines Lebens und seiner Gäste damit bedankt hat, dass er mitsamt Koch und Kellnerin eine Woche lang die Küche der Wache in Beschlag genommen, die Feuerwehrmänner rausgeworfen und die Mannschaften beider Dienstgruppen mit Hilfe seiner Angestellten von morgens bis abends bekocht und bedient hat. Sein Lokal musste ohnehin renoviert werden.
Das war in den 330 Jahren unseres Bestehens wahrscheinlich auch die einzige Woche mit freundlicher Bedienung.

Überprüfung der Statik nach einer Explosion

Alt-Wiener Backfleisch mit Erdäpfel-Vogerl-Salat

ZUBEREITUNG

1 Die Rostbratenscheiben von Fett und Sehnen befreien und leicht klopfen. **2** Fleisch salzen, pfeffern, dick mit Senf bestreichen, reichlich frischen Kren andrücken und 1–2 Stunden kühlstellen. **3** Die Stücke in Mehl, versprudelten Eiern und Bröseln panieren und in reichlich Butterschmalz bei nicht allzu großer Hitze herausbacken. Dabei die Pfanne immer leicht schwenken, sodass heißes Fett auch auf die Oberseite gelangt und die Panier soufflieren kann. Nur einmal wenden. **4** Für den Erdäpfelsalat die Erdäpfel (am besten Kipfler, der Geschmack ist die Schälerei wert!!) in Salzwasser ca. 20 Minuten kochen. Schälen, noch heiß in Scheiben schneiden und sofort in eine Schüssel mit warmer Rindsuppe geben. **5** Mit Öl, Salz, Pfeffer, Essig und Zucker süß-sauer abschmecken. **6** Erst unmittelbar vor dem Anrichten den Vogerlsalat unterheben, mit Schnittlauch bestreuen und nach Möglichkeit noch lauwarm servieren.

ZUTATEN FÜR 4 PORTIONEN

4 Scheiben Rostbraten
Das Fleisch am besten aus dem hohen Teil, ca 12 mm dick. Manche bevorzugen vorgekochten Tafelspitz, uns ist roher, gut abgehangener Rostbraten oder Beiried lieber!

scharfer Senf

frisch geriebener Kren

Salz, Pfeffer

Butterschmalz

Mehl

Milch

Eier

Brösel

1 kg speckige Erdäpfel

200 ml Rindsuppe

Essig

Öl

1 rote Zwiebel

Zucker

Vogerlsalat

Feiaweakaripperl, mariniert mit Ananas, Chili und Ingwer

Die Marinade am besten am Tag zuvor erledigen und über Nacht beizen.

ZUTATEN FÜR 4 BIS 6 PORTIONEN

4–6 Längen Spareribs

1 Dose Tomatenfruchtfleisch in Stücken (400 g)

1 gehäufter EL geriebener Ingwer

3–4 Piri Piris

1 gelbe Rübe

1 Karotte

1 kleines Stück Lauch

1 Dose Ananas (400 g)

1 große Zwiebel

8–10 Knoblauchzehen

½ l Ananas- oder Orangensaft

ca. 6 EL Sojasauce

ca. 100 g Honig

Salz

Pfeffer

Öl

ZUBEREITUNG

1 Die Zwiebel, den Knoblauch, das Gemüse und die Piri Piris fein und die Ananas grob würfeln. **2** Zwiebel und Knoblauch in wenig Öl glasig anschwitzen, das Gemüse zugeben und leicht mitrösten. Jetzt den Ingwer, die Ananasstücke und die Piri Piris zugeben, mit den gewürfelten Tomaten und jeweils der Hälfte von Ananassaft, Sojasauce und Honig ablöschen, ca. 15 Minuten weich kochen und etwas einreduzieren. **3** Mit einem Stabmixer alles fein pürieren, salzen, pfeffern und mit den restlichen Zutaten abschmecken. Die Marinade soll süßer, schärfer und salziger sein, als man seine Ripperl gern hätte – oder man schmeckt sie genau ab und kocht die Marinade dann auf die Hälfte ein.

4 Die Ripperl salzen, pfeffern und dick mit der Marinade bestreichen. Paarweise auf mindestens zwei Lagen Alufolie legen, dicht einpacken und 1–2 Tage lang im Kühlschrank ziehen lassen.

5 2 Stunden vor der Zubereitung die Packerl aus dem Kühlschrank nehmen und Raumtemperatur annehmen lassen.

6 Die verschlossenen Päckchen im Rohr bei 120 Grad 1 ½ bis 2 Stunden vorgaren. Herausnehmen, die Ripperl mit der Fleischseite nach unten auf ein Blech legen, erneut mit

Marinade bestreichen und weitere 10 Minuten, jetzt bei 190 Grad Oberhitze, braten. **7** Die Ripperl wenden, mit Marinade bestreichen und nochmals 10 Minuten ins Rohr.

8 Ripperl am besten auf einem Holzbrett anrichten. Dazu passen Wedges, Baguette und jede Art von Sauce.

Böhmische Dalken mit Topfen, Beerensauce und Vanilleeis

ZUBEREITUNG

ZUTATEN FÜR 4 PORTIONEN

1 unbehandelte Zitrone

250 g Magertopfen

200 ml Milch

3 Eier

Salz

1 Vanilleschote

Maisstärke

2 gehäufte EL glattes Mehl

Öl

Kristallzucker

300 g Beerenmix
ev. tiefgekühlt

1 unbehandelte Limette

1–2 EL Zucker

eventuell ein Stamperl Rum oder Kirschlikör

1 kleine Packung Vanilleeis

geröstete Mandeln

Staubzucker

1 Frische Beeren waschen, tiefgekühlte auftauen lassen. **2** Die Beeren mit der geriebenen Limettenschale, etwas Wasser und 2 Esslöffeln Zucker kurz aufkochen lassen und eventuell ein Stamperl Rum oder Kirschlikör unterrühren. **3** Die Eier trennen und aus dem Eiklar mit einer Prise Salz einen steifen Schnee schlagen. **4** Die geriebene Zitronenschale mit ca. 2 Teelöffeln Zitronensaft, den Dottern, der Milch, dem Mark der Vanilleschote, Mehl und Maisstärke mit einem Handmixer zu einer glatten Masse verrühren. **5** So viel vom Schnee unterheben, dass ein lockerer Teig entsteht. **6** In einer beschichteten Pfanne etwas Öl erhitzen und die Topfenmasse mit einem Löffel in kleinen Portionen einlegen und anbacken. **7** Die Pfanne in das auf 180 Grad vorgeheizte Backrohr schieben und 10 bis 15 Minuten backen. Dabei mehrmals wenden. **8** Die Dalken auf der Beerensauce anrichten und das Vanilleeis dazugeben. Mit Mandelsplittern dekorieren und mit Staubzucker bestreuen.

„Ich war erst 23, hab noch immer im Hotel Mama gewohnt und von der Welt keine Ahnung gehabt, als ich bei der Feuerwehr angefangen habe. Irgendwann musste ich mit einem Kollegen einkaufen fahren, und ein anderer, überaus netter Kollege (ich weiß, wer's war, aber der gibt es bis heut nicht zu) hat mir auf den Einkaufszettel ‚Zechnkas vom Bergbaron' dazugeschrieben. Ich bin dann in der Käseabteilung des Großmarktes gestanden, mein Kollege war drei Regale weiter, und ich hab ihm laut zugerufen: ‚Wo find i eigentlich den Zechnkas?' Die gstandene Mittfünfzigerin neben mir hat nur gemeint: ‚Burli, ziag da die Schuach aus!' Mein Kollege hat bis zur Kasse Tränen gelacht, und zwei bis drei Stunden später war auch die rote Färbung aus meinem Gesicht verschwunden …"

NORBERT, 48, GELERNTER DRUCKER

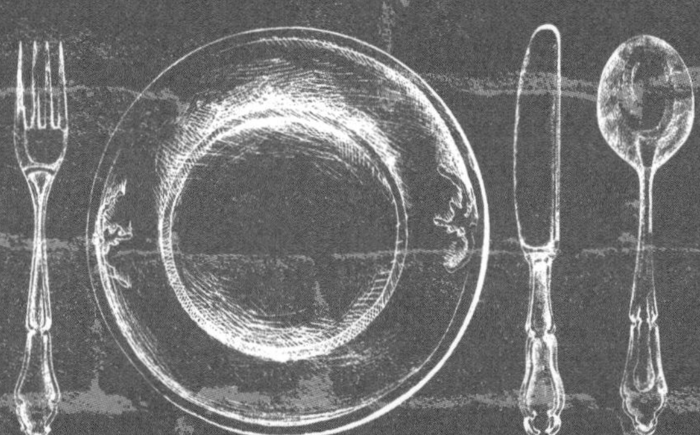

HAUPTFEUERWACHE HERNALS

Gruppenwache Steinhof

SEKTION V

1926 ERFOLGTE DER ZUSAMMENSCHLUSS DER FREIWILLIGEN FEUERWEHREN OTTAKRING UND HERNALS IN DEM FÜR DIE ZWECKE DER BERUFSFEUERWEHR ADAPTIERTEN EHEMALIGEN WACHEGEBÄUDE AM JOHANN-NEPOMUK-BERGER-PLATZ.

Die Hauptfeuerwache Hernals wurde 1944 durch mehrere Bombentreffer fast vollständig zerstört und zwischen 1954 und 1956 wieder aufgebaut. Die 1997 renovierte Wache verfügt neben einer Fahrzeughalle mit 15 Stellplätzen für Einsatzfahrzeuge unter anderem auch über einen 31,5 Meter hohen Übungsturm.

Ausbildungstechnisch hat man sich hier auf die Aus- und Weiterbildung an schweren technischen Geräten spezialisiert, darunter sind auch Hebewerkzeuge für Straßenbahnen und LKW sowie Werkzeuge für große Bauunfälle.

Auf der Wache sind eine komplette Löschbereitschaft, ein Großtankfahrzeug sowie ein Wechselladerfahrzeug für Schwerwerkzeug oder Bauunfälle stationiert. Des Weiteren ist hier auch immer ein spezielles Höhenretterfahrzeug einsatzbereit. Seit 1931 wird die Sektion V durch eine Gruppenwache bei Steinhof mit einem Löschfahrzeug verstärkt.

Tomatensuppe

Sehr einfach
Sehr schnell
Sehr gut

ZUTATEN FÜR 6 PORTIONEN

2 l Schältomaten aus der Dose

1 Zwiebel, gehackt

Öl

1 l Gemüsesuppe

Salz, Pfeffer

Zucker

Tabasco

200 g kleine Hörnchen

ZUBEREITUNG

1 In einem Topf die gehackte Zwiebel mit wenig Öl anschwitzen. **2** Die Dosentomaten in den Topf geben und grob mit einem scharfen Messer zerteilen.

3 Die Gemüsesuppe eingießen, salzen, zuckern, mit 2–3 Spritzern Tabasco würzen. Ca. 10 Minuten leicht köcheln lassen.

4 Währenddessen Salzwasser für die Hörnchen aufstellen und diese nach Packungsanleitung bissfest kochen.

5 Die Suppe noch mit Pfeffer und den anderen Gewürzen abschmecken und mit den Hörnchen servieren.

RONNY (2.V.R.) MIT CHRISTIAN, PHILIPP UND MARCO (V.L.)

„Es ist schon manchmal recht lustig mit anzusehen, wie sich zwei gestandene Mannsbilder streiten, wer den besten Erdäpfelsalat macht."

ROBERT, 40, GELERNTER GÄRTNER

„Es hört sich heute vielleicht komisch an, aber Anfang der neunziger Jahre habe ich als junger Feuerwehrmann auf einer Feuerwache die erste Mikrowelle meines Lebens gesehen und ausprobiert. Nach einer Viertelstunde haben mir die Kollegen, die im Kreis standen und nur mehr lachten, als ich mich beschwert habe, dass das blöde Ding das Essen um nix wärmer macht, schließlich den Einschaltknopf an der Seite gezeigt."

(ANONYM, 46)

Unten: Öffnung der Dachaußenhaut für einen Löschangriff
Links: Beseitigung eines umgestürzten Baumes

Erdäpfelgulasch

auch für Vegetarier ...

Angeblich hat einmal einer der größten Köche Österreichs gesagt: „A Erdäpfelgulasch is a Erdäpfelgulasch und ka Wurstgulasch. Oba wenn's die Leut wolln ..."

ZUBEREITUNG

1 Zwiebeln und Knoblauch fein hacken und in einem Topf mit wenig Öl langsam glasig anschwitzen. Tomatenmark und 4–5 Esslöffel Paprikapulver zugeben, kurz mitrösten und mit Essig ablöschen. **2** Kümmel, Majoran und Lorbeerblätter zugeben, mit der Hälfte der Suppe aufgießen und eine halbe Stunde köcheln lassen. **3** Die Lorbeerblätter entfernen, die Gulaschbasis mit einem Stabmixer pürieren und die geschälten und je nach Größe halbierten oder geviertelten Erdäpfel dazugeben. Eventuell Suppe nachgießen, mit Salz, Pfeffer und Cayennepfeffer würzen. **4** Das Gulasch ca. 20 Minuten köcheln lassen. **5** In der Zwischenzeit die Paprikaschoten entkernen, in feine Streifen schneiden und in einer Pfanne mit wenig Öl anbraten. **6** Wenn die Erdäpfel gar sind, das Gulasch vom Herd nehmen und mit Salz und Pfeffer abschmecken. **7** Falls das Gulasch noch nicht sämig genug ist, einige Erdäpfel rausnehmen, mit einer Gabel zerdrücken, wieder zurückgeben und nochmals kurz aufkochen. **8** Erst jetzt die gebratenen Paprika unterheben und gleich anrichten. **9** Sollten keine Vegetarier zugegen sein, die Dürre halbieren, in 5 mm dicke Streifen schneiden und ohne Zugabe von Fett in einer beschichteten Pfanne scharf anbraten, auf Küchenrolle abtropfen lassen und 5 Minuten vor Ende der Kochzeit ins Gulasch geben. **10** Wenn gewünscht, das Gulasch noch mit einem Fächergurkerl und einem Löffel Rahm dekorieren.

ZUTATEN FÜR 8 PORTIONEN

2 kg speckige Erdäpfel

6 große Zwiebeln

10–12 Knoblauchzehen

2 EL Tomatenmark

2 l Gemüsesuppe (Würfel)

scharfer und edelsüßer Paprika, Essig, Kümmel

Salz und Pfeffer

Majoran

4 Lorbeerblätter

Cayennepfeffer

je 1 rote, grüne und gelbe Paprika

Öl

eventuell ein paar Essiggurkerl und Sauerrahm

Für Fleischliebhaber:
½ kg Dürre, statt Öl Schmalz und statt der Gemüsesuppe Rindsuppe verwenden

Süß-scharfes Hendlfilet mit Ananas und Curry

ZUTATEN FÜR 4 BIS 6 PORTIONEN

6 Hendlfilets à 150–170 g (ohne Haut)

Salz und Pfeffer aus der Mühle

Currypulver, Sesamöl

1 Dose Ananasscheiben

1 Becher Schlagobers

je 300 ml Curry- und Chilisauce

200 g Käse zum Gratinieren, gerieben

1 EL frischer Koriander

1 EL Ingwer, gerieben

1 kleine Zwiebel, gehackt

3 Knoblauchzehen, gehackt

Sojasauce

etwas Mehl zum Bestäuben

Basmati- oder Jasminreis

ZUBEREITUNG

1 Die Hendlfilets in je 2 Schnitzel schneiden, salzen pfeffern und mit Currypulver und etwas Mehl bestäuben.

2 Die Schnitzel in einer beschichteten Pfanne im Sesamöl anbraten und in einer Auflaufform nebeneinander auflegen.

3 Die Ananasscheiben in Würfel von ca. 1 cm schneiden.

4 Die Zwiebel und den Knoblauch im Bratensatz glasig anschwitzen (eventuell noch Öl zugeben), die Ananasstücke untermischen und kurz mitbraten. **5** Den Ingwer und den gehackten Koriander untermischen und mit den Saucen, dem Schlagobers und ein wenig vom Ananassaft aufkochen und paar Minuten köcheln lassen. **6** Die Sauce mit Salz, Pfeffer, Sojasauce und Currypulver abschmecken.

7 Das Fleisch mit der Sauce übergießen und großzügig mit Käse bestreuen. **8** Die Auflaufform ins auf 180 Grad vorgeheizte Backrohr schieben und ca. 30 Minuten fertig garen.

9 In der Zwischenzeit den Reis nach Packungsanleitung zubereiten.

10 Die Schnitzel gefällig mit dem Reis auf Tellern anrichten und mit frischem Koriander bestreuen.

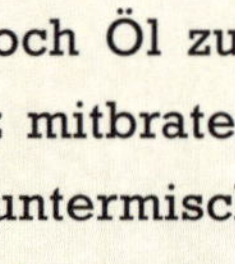

„Ich kann nicht kochen und werd's wahrscheinlich auch nie können, aber ich helfe gerne mit. So ist es dazu gekommen, dass der einfache Teil der Küchenarbeit (Zwiebeln schneiden, Gemüse schälen usw.) nach mir benannt wurde: Das ist jetzt die ‚Rudi-Hackn."

RUDI, 44, GELERNTER SCHLOSSER

„Es haben schon einige mit dem Essen von Fastfood aufgehört, als sie bei der Feuerwehr begonnen haben. Damit angefangen hat noch keiner!"

GERHARD, 44, HTL-ABSOLVENT

„Nach Rezept kochen ist wie nach dem Weg fragen, des mocht ma besser nach Gfühl!"

MATHIAS, 38, GELERNTER LÜFTUNGSBAUER

Oben: Zurückdrängen eines Industriebrandes (Übung)
Unten: Auch auf dem Wasser kann es mal brennen

Kalbsschnitzerl mit Parmaschinken und Petersilhaube

Angeblich das frühere Lieblingsessen von Luciano Pavarotti, aber ganz sicher das erste, das ich für meine Frau gekocht habe. Es hat funktioniert!

ZUBEREITUNG

1 Die Schnitzel von Fett und Sehnen befreien, leicht klopfen, salzen, pfeffern und mit Mehl bestäuben.

2 Die Petersilie abzupfen und nicht zu fein hacken.

3 Den Parmaschinken in ganz feine Streifen schneiden.

4 Den Knoblauch fein hacken, in Olivenöl anschwitzen und für die Ciabatta auskühlen lassen.

5 Das Fleisch in reichlich Butter bei niedriger Hitze anbraten und warmstellen. **6** Im Bratensatz die gehackte Zwiebel leicht anschwitzen, den geschnittenen Parmaschinken dazugeben und knusprig anbraten. **7** Mit Balsamicoessig ablöschen und ca. 1 Minute köcheln lassen.

8 Die Schnitzel auf Tellern anrichten, mit der Schinkenmischung belegen und eine richtig dicke Haube aus frischer Petersilie darüberstreuen.

9 Dazu passen am besten getoastete Ciabattaschnitten mit in Olivenöl angeröstetem Knoblauch sowie ein frischer Blattsalat.

ZUTATEN FÜR 4 PORTIONEN

4 große Kalbsschnitzel
ersatzweise geht es auch mit Putenschnitzeln

ca. 300 g Parmaschinken

1 kleine rote Zwiebel

guter Balsamicoessig

Salz und Pfeffer aus der Mühle

2 Bund frische Petersilie

Butter

Ciabattabrot

Olivenöl

2 Zehen Knoblauch

Topfenpalatschinken mit Vanillesauce

... statt einer Diät

Unbedingt mehr machen! Entweder für die Spinatpalatschinken von Seite 114 verwenden oder als Frittaten in einer guten Rindsuppe.

ZUTATEN FÜR 4 BIS 5 PORTIONEN

200 g glattes Mehl
5 Eier
½ l Milch
Salz
Öl
40 g Zucker
eine Packung Vanillezucker
250 g Topfen
50 g Butter
½ Becher Rahm
Abrieb von einer Zitrone

Für die Sauce:
½ Liter Milch
2 Eidotter
100 g Zucker
das Mark einer Vanilleschote

ZUBEREITUNG

1 Zuerst die Palatschinken zubereiten. Dazu das Mehl mit der Milch zu einem glatten Teig verrühren, leicht salzen und 2 Eier mit einem Mixer unterrühren. Den Teig eine halbe Stunde im Kühlschrank rasten lassen. **2** Den Teig schöpflöffelweise in einer beschichteten Pfanne mit ein wenig Öl auf beiden Seiten braun backen.

3 Die restlichen Eier trennen und aus dem Eiklar mit einer Prise Salz einen steifen Schnee schlagen. **4** Für die Fülle die Butter mit dem Zucker und dem Vanillezucker schaumig rühren sowie den durch ein Sieb gestrichenen Topfen, 2 Eidotter und den Zitronenabrieb unterrühren. **5** Jetzt den Schnee unter die Masse ziehen, die Palatschinken damit bestreichen und einrollen. **6** Die Palatschinken in eine geölte Form schlichten. **7** Den verbliebenen Dotter mit dem Rahm vermischen und über die Palatschinken gießen.

8 Im Backrohr bei 170–180 Grad fertig backen, dauert etwa 10–15 Minuten.

9 Die Milch mit der Erdäpfelstärke,den Dottern, dem Zucker und dem Vanillemark unter ständigem Rühren aufkochen lassen und vom Herd nehmen. Jetzt so lange weiterrühren, bis die Sauce abgekühlt ist und eine cremige Konsistenz hat.

FEUER

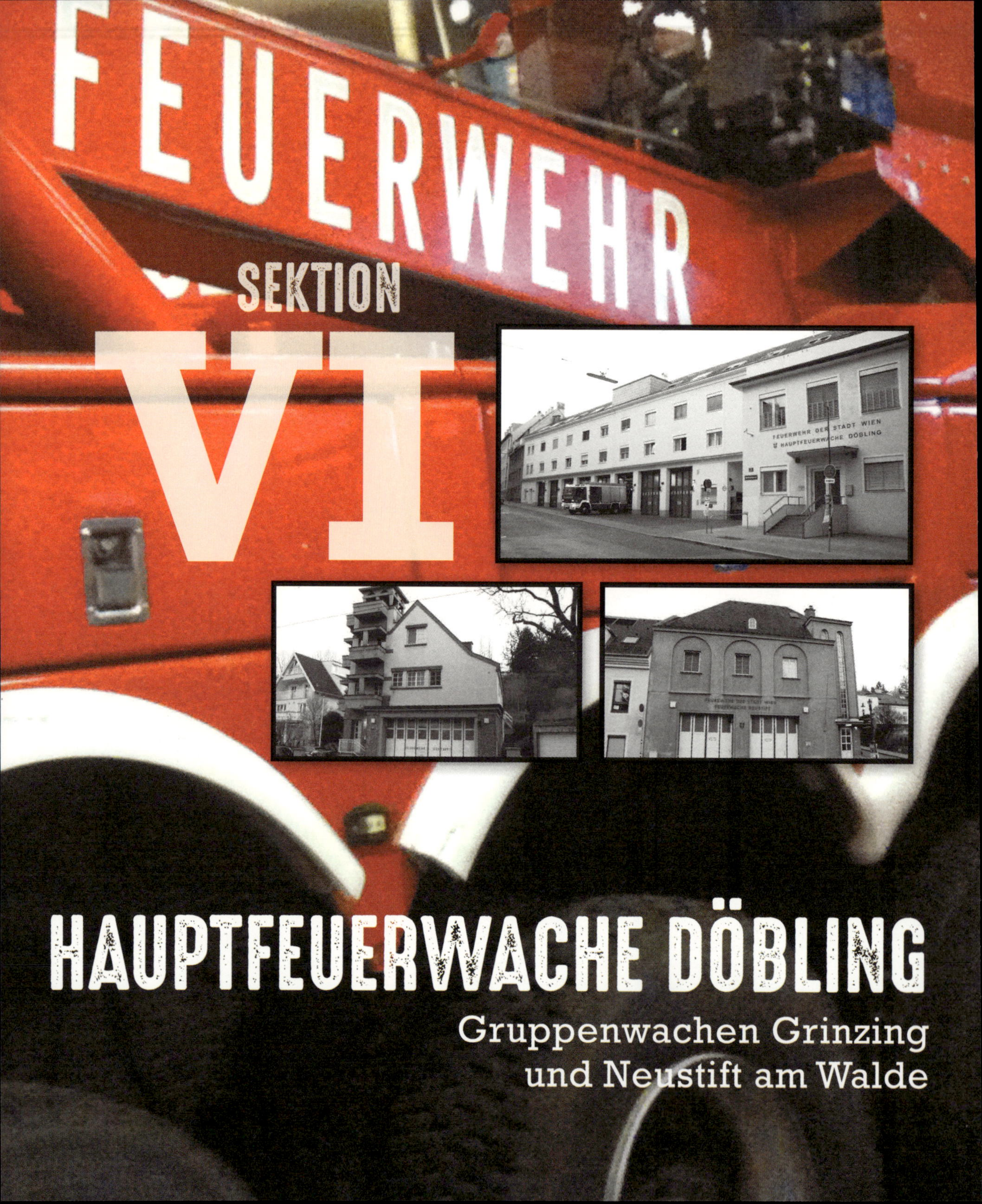

SEKTION VI

HAUPTFEUERWACHE DÖBLING

Gruppenwachen Grinzing
und Neustift am Walde

DIE HAUPTFEUERWACHE DÖBLING BEHERBERGT SEIT IHREM WIEDERAUFBAU IM JAHRE 1959 ZUSÄTZLICH ZU EINER GESAMTEN LÖSCHBEREITSCHAFT EIN SONDERGERÄTEFAHRZEUG, EIN GELÄNDELÖSCHFAHRZEUG UND EINE TELESKOPMASTBÜHNE.

In der Hauptfeuerwache Döbling finden vor allem die Grundausbildungen der Sparte Fahrdienst statt, aber auch die Lager und Werkstätten der Gerätemeisterei sind hier untergebracht.

Ganzjährig werden Reparaturen, Wartungen und Überprüfungen unterschiedlichster Einsatzgeräte durchgeführt, um deren Funktion und Einsatztauglichkeit zu gewährleisten.

Neben den Grundausbildungen der Sparte Fahrdienst gibt es auch Aus- und Weiterbildungen an neuen Geräten und Fahrzeugen.

Seit dem Jahr 1929 wird die Hauptfeuerwache von den Gruppenwachen Grinzing und Neustift am Walde mit je einem Löschfahrzeug unterstützt. Dadurch wird auch in den teilweise etwas abgelegenen Gebieten Wiens ein schnelles Eingreifen ermöglicht.

PATRICK (MITTE) MIT DANIEL, POLDI, MICHAEL UND KLAUSI (V. L.)

„Wir kochen, wir putzen, wir tragen den Mist weg und machen unsere Betten. Wenn unsere Frauen wüssten, wie brav und fleißig wir sein können, hätten wir es zu Hause um einiges schwerer …"

MARTIN, 46,
GELERNTER SCHIFFSBAUER

„Ich versteh nicht, wie manche das ganze Jahr über von Fastfood- und Lieferdiensten leben können bzw. wollen. Mir würde etwas fehlen."

CHRISTIAN, 27, GELERNTER KFZ-MECHANIKER

Erdäpfelsuppe mit Steinpilzen und Lauch

ZUBEREITUNG

1 Die Erdäpfel schälen und in kleine Würfel schneiden.
2 Die Zwiebel fein hacken und den Lauch in dünne Scheiben schneiden. **3** In einem Topf etwas Butter und Öl erhitzen und die gehackte Zwiebel sowie zwei Drittel vom Lauch darin anschwitzen. **4** Die Erdäpfel und die Pilze untermischen und kurz mitrösten. **5** Mit Suppe aufgießen, 2 Esslöffel frisch gehackte Petersilie einstreuen. **6** Etwa 10–15 Minuten lang kochen, bis die Erdäpfel gar sind.
7 Crème fraîche mit einem Esslöffel Mehl glattrühren, zur Suppe geben und noch 2 Minuten weiterkochen.
8 Auf den Teller geben und mit frischen Lauchringen bestreuen. Dazu passen am besten Croûtons oder ein frisches, knuspriges Schwarzbrot.

ZUTATEN FÜR 5 BIS 6 PORTIONEN

½ kg speckige Erdäpfel

Butter

Öl

1 kleine Zwiebel

200 g frische Steinpilze (oder 30 g getrocknete)

200 g Crème fraîche

frische Petersilie

½ Stange Lauch

2 l Rind- oder Gemüsesuppe

Mehl

Salz

Pfeffer

Selchschopf mit Apfelkren und Erdäpfelknödeln

Unbedingt mehr zubereiten! Übriggebliebene Erdäpfelknödel mit Ei und frischem Schnittlauch anrösten und mit dem Rest vom Schopf Schinkenfleckerl machen.

ZUTATEN FÜR 6 PORTIONEN

Selchschopf à ca. 2 kg
2 Bund Suppengrün
1 Zwiebel
2 l Gemüsesuppe
1,2 kg mehlige Erdäpfel
Salz
1 EL Stärkemehl
2 saure Äpfel
frisch geriebener Kren
Essig
Zucker
Salz
Pfeffer

ZUBEREITUNG

1 200 Gramm der Erdäpfel am Vortag weich kochen.

2 In einem großen Topf die halbierte, aber nicht geschälte Zwiebel in wenig Öl auf der Schnittseite richtig dunkel anbraten. Das grob gewürfelte Gemüse dazugeben und kurz mitrösten.

3 Mit der Suppe aufgießen und den Schopf einlegen. So viel Wasser zugießen, dass der Schopf bedeckt ist, aufkochen lassen und für ca. 1 Stunde leicht köcheln lassen.

4 In der Zwischenzeit die rohen Erdäpfel schälen und in eine Schüssel mit kaltem Wasser reiben. 20 Minuten stehen lassen, damit sich die Stärke absetzen kann.

5 Jetzt die Äpfel schälen und fein in eine Schüssel reiben, gleich mit etwas Essig verrühren, so werden sie nicht braun. Frisch geriebenen Kren unterheben und mit Salz, Pfeffer, Zucker und Essig süß-sauer-scharf abschmecken.

6 Die rohen Erdäpfel aus der Schüssel heben und mit einem Geschirrtuch fest ausdrücken. Das Wasser aus der Schüssel abgießen und die abgesetzte Stärke zu den geriebenen Erdäpfeln geben. Die am Vortag gekochten Erdäpfel schälen, durch eine Presse drücken und mit der Speisestärke zum Rest geben. Salzen und rasch zu einem glatten Teig

verarbeiten. **7** Mit nassen Händen 12 kleine Knödel formen und in einem geräumigen Topf mit Salzwasser eine knappe halbe Stunde leicht wallend köcheln lassen.

8 Das Fleisch aus der Suppe nehmen, in Scheiben schneiden und mit etwas Suppe, dem Apfelkren und den Erdäpfelknödeln anrichten.

„Einmal haben wir uns gegen unseren Kuchlchef verschworen. Er hatte sich irrsinnig viel Mühe gegeben und etwas ganz Besonderes gekocht, und wir haben alle Ketchup dazu gegessen. Er war so gekränkt, dass wir zusammengelegt und uns mit einem Candlelight-Dinner für ihn und seine Frau entschuldigt haben."

CHRISTIAN, 30, KFZ-MECHANIKER

Steak mit Fächererdäpfeln, zubereitet für eine Geburtstagsfeier

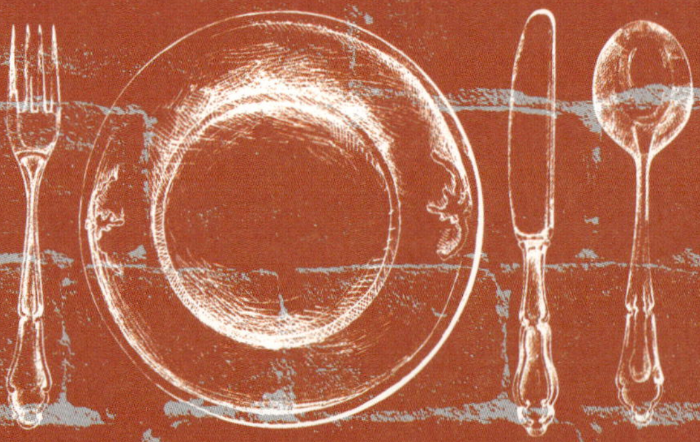

Paprikapfandl mit Ingwerleber und Zwiebeln

ZUBEREITUNG

1 Die Hühnerleber von unschönen Stellen befreien und in mundgerechte Stücke schneiden. **2** Die Leber pfeffern und mit Thai-Basilikum bestreuen.

3 Reis nach Packungsangabe zubereiten und gleich zu Beginn ein bis zwei Teelöffel Currypulver dazugeben.

4 Erdäpfelstärke mit gemahlenem Ingwer mischen und die Fleischstücke portionsweise darin wenden.

5 Zwiebeln und Paprika in längliche Streifen schneiden.

6 In einer großen Pfanne reichlich Sesamöl stark erhitzen und die Leber portionsweise scharf anrösten, warmhalten.

7 Zwiebeln glasig anbraten, dann Paprikastreifen dazugeben und kurz mitbrutzeln. **8** Mit einem Teelöffel Thai-Basilikum würzen und mit Sojasauce ablöschen. **9** Kurz köcheln lassen und mit Sambal Oelek, Honig, Salz und Pfeffer abschmecken. **10** Mit dem Reis anrichten und mit frischem Koriander dekorieren.

ZUTATEN FÜR 4 PORTIONEN

½ kg Hühnerleber

2 Zwiebeln

je eine rote, grüne und gelbe Paprika

2 Knoblauchzehen, gepresst

gemahlener Ingwer

Erdäpfelstärke

Sesamöl

Salz

Pfeffer

Sojasauce

Honig

getrocknetes Thai-Basilikum

Sambal Oelek oder ähnliche Chilipaste

Basmati- oder Jasminreis

Currypulver

frischer Koriander

Erdäpfelpuffer mit Paprika und Pute, dazu Knoblauchrahm

Ohne Putenfleisch ist's vegetarisch und genauso lecker!

ZUTATEN FÜR 4 PORTIONEN

1 kg speckige Erdäpfel

200 g Putenfleisch

1 Zwiebel

9 Knoblauchzehen

je 1 rote und gelbe Paprika

2 Eier

Erdäpfelstärke

¼ Stange Lauch

frischer Schnittlauch, geschnitten

Salz, Pfeffer

1 Becher Sauerrahm

Apfelessig, Zucker, Öl

ZUBEREITUNG

1 Das Putenfleisch in kleine Würfel schneiden, Zwiebel, Paprikaschoten, Lauch und Knoblauch fein hacken.
2 Die Eier mit dem Fleisch, der Hälfte des Knoblauchs und dem Gemüse vermengen.
3 Die Erdäpfel schälen und mit einem Hobel in ganz feine Streifen schneiden oder grob raspeln und gleich unter die Gemüsemasse mischen. Reichlich salzen und pfeffern. **4** Die Masse in ein mit einem Tuch ausgelegtes Sieb geben und eine halbe Stunde entwässern lassen.
5 In der Zwischenzeit den restlichen Knoblauch mit Schnittlauch und dem Rahm verrühren und mit Essig, Zucker, Salz und Pfeffer abschmecken.
6 Die Erdäpfelmasse noch ausdrücken und in einer Schüssel mit einem Esslöffel Erdäpfelstärke verrühren.
7 In einer beschichteten Pfanne Öl erhitzen und mit einem großen Löffel die Masse in das heiße Öl geben, sehr flach drücken. Auf diese Art nacheinander die Kartoffelpuffer goldbraun herausbacken.
8 Die Kartoffelpuffer mit dem Knoblauchrahm servieren.

„Der Italiener ums Eck weiß noch vor den Zeitungen, ob etwas Großes passiert ist im Bezirk. Da steigt meistens sein Umsatz!"

HARRI, 43, GELERNTER KOCH

Auch große Höhen dürfen für uns kein Problem sein (hier bei einer Übung)

„Wenn ma die Burschen ned hätten, die sich in der Küche noch zusätzlich engagieren, wüsst ma ned, was ma tun sollten!"

PETER, 54, GELERNTER TISCHLER

Buchteln mit Vanillesauce

ZUBEREITUNG

1 Ein Dampfl machen, also den Germ zerbröseln und mit ein wenig warmer Milch verrühren. Das Dampfl sollte nach kurzer Zeit Blasen werfen. **2** Das Mehl mit dem Dampfl und allen anderen, auf Zimmertemperatur vorgewärmten Zutaten mit den Knethaken eines Handmixers zu einem glatten Teig verrühren, der Blasen wirft. **3** An einem warmen Ort um ca. die Hälfte der Größe aufgehen lassen (dauert 30–40 Minuten).

4 Mit einem Teigschaber kleine Portionen ausstechen und nach Belieben mit einem Teelöffel Powidl oder Marillenmarmelade füllen (wir verzichten meistens darauf!). Butter in einer Pfanne zerlassen und die Buchteln darin wenden.

5 Die Buchteln nebeneinander in eine Form legen. (Die Größe der Form so wählen, dass die Buchteln überall zusammenstoßen. **6** Die Form mit einem Tuch abdecken und nochmals für ca. 40 Minuten gehen lassen.

7 Buchteln im auf 160–170 Grad vorgeheizten Backrohr ca. eine halbe Stunde backen.

8 Die Buchteln stürzen, zerreißen und mit Staubzucker bestreuen.

9 Mit der Vanillesauce (siehe Seite 76, am besten gleich die doppelte Menge machen!) übergießen und servieren.

ZUTATEN FÜR EINE FORM

½ kg griffiges Mehl

20 g Germ

40 g Zucker

120 g Butter

2 Eier

Salz

abgeriebene Schale einer Biozitrone

ein wenig Milch

reichlich Butter

Powidl oder Marillenmarmelade

Staubzucker

Rezept für Vanillesauce siehe Seite 76

SEKTION VII

HAUPTFEUERWACHE FLORIDSDORF

Gruppenwachen
Am Spitz
und Strebersdorf

ALS DIE HAUPTFEUERWACHE FLORIDSDORF 1996 ERÖFFNET WURDE, GALT SIE ALS DAS MODERNSTE FEUERWEHRGEBÄUDE EUROPAS. DAS WACHE-GEBÄUDE VERFÜGT NEBEN MEHREREN WERKSTÄTTEN (KÖRPERSCHUTZ, SCHLAUCHPFLEGE) AUCH ÜBER EIN KATASTROPHENLAGER UND BEHERBERGT DIE OLDTIMERSAMMLUNG DER FEUERWEHR.

Seit kurzer Zeit befindet sich die Feuerwehrschule auf dem Gelände der Hauptfeuerwache Floridsdorf. Ebenfalls im Wachebereich untergebracht ist ein in Österreich einzigartiges Brandhaus. In diesem vierstöckigen Gebäude lassen sich die unterschiedlichsten Einsatzsituationen unter Realbedingungen nachstellen und einüben. Da jede Frau und jeder Mann im Einsatzdienst regelmäßige Übungen hier absolvieren muss, ist dementsprechend viel los.

Darüber hinaus stehen unter anderem auch noch ein Atemschutzparcours, eine Gasbrandsimulationsanlage und ein Flash-over-Container zur Verfügung. Neben einer vollständigen Löschbereitschaft finden sich hier außerdem ein Kranfahrzeug, ein Großtankfahrzeug und ein Wechsellader mit diversen Containern für verschiedenste Großereignisse im Dienst.

Die ehemalige, 1944 zerstörte und 1947 wieder aufgebaute Hauptfeuerwache Floridsdorf wurde mit der Eröffnung der neuen Hauptfeuerwache 1996 zur Gruppenwache Am Spitz mit nur mehr einem Löschfahrzeug umfunktioniert. Sie dient heute auch als Sitz des Katastrophenhilfsdienstes und der Feuerwehrjugend.

Die 1928 erbaute und 1990 generalsanierte Gruppenwache Strebersdorf komplettiert die Sektion VII mit einem weiteren Löschfahrzeug.

Spinat-Brokkoli-Suppe mit Zellerchips

ZUTATEN FÜR 6 PORTIONEN

1 ½ l Gemüsesuppe
2 Zwiebeln
400 g Erdäpfel
2 kleine Brokkoli
300 g Blattspinat (frisch oder bereits aufgetaut)
200 g Zeller
Crème fraîche
1 Becher Schlagobers
Öl
Salz
Pfeffer

ZUBEREITUNG

1 Erdäpfel schälen und in 2 cm große Würfel schneiden.

2 In einem Topf Öl erhitzen und die fein gehackte Zwiebel darin glasig anschwitzen. **3** Die Erdäpfel zugeben und kurz mitrösten. **4** Mit Suppe aufgießen und 5 Minuten kochen lassen.

5 Jetzt den klein geschnittenen Brokkoli dazugeben und 5 Minuten kochen. **1** Den ausgedrückten Spinat in die Suppe geben und weitere 10 Minuten kochen.

7 In der Zwischenzeit den Zeller in feine Scheiben hobeln und in reichlich Öl knusprig frittieren (dauert etwa 3 Minuten), auf Küchenrolle abtropfen lassen.

8 Nach insgesamt 20 Minuten das Obers zur Suppe geben und diese mit einem Pürierstab fein pürieren. Mit Salz und Pfeffer abschmecken.

9 Suppe auf Tellern anrichten und einen Löffel Crème fraîche einrühren, mit den Zellerchips belegen.

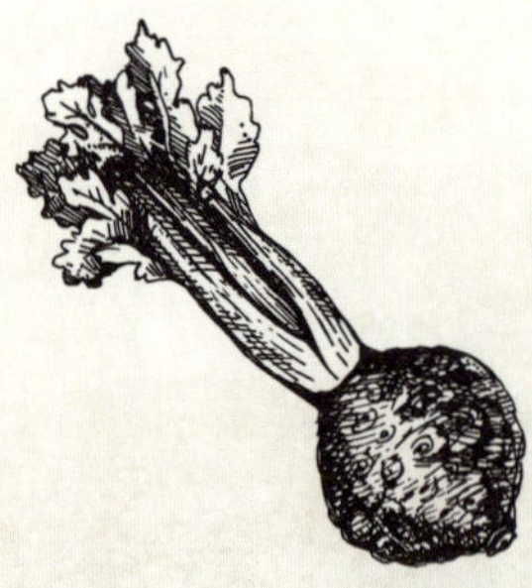

HEINZ (HINTEN RECHTS) MIT MARIO, MARKUS UND CHRISTOPH (V. L.)

„Versuchen Sie einmal, den Bedürfnissen von Eiweiß vernichtenden Hantelstemmern, Kohlehydrate vertilgenden Langstreckenläufern, Fleischtigern und Vegetariern gerecht zu werden! Und das Ganze auch noch freiwillig! Da brauchen S' a bisserl an Pascher ..."

ANDREAS, 29, HTL-ABSOLVENT

„Früher bin ich mit meiner Frau oft essen gegangen, aber mittlerweile schmeckt es uns zu Hause am besten!"

MICHAEL, 44, GELERNTER MAURER

Hühnerfilet mit hellem & dunklem Sesam und Safran-Lauch-Risotto

Dazu passt auch sehr gut der scharfe Apfelsalat von Seite 34 oder das Pfirsich-Chili-Chutney von Seite 21.

ZUBEREITUNG

1 Das Hühnerfleisch schön putzen, in ca. 2 cm dicke Streifen schneiden, salzen und pfeffern.

2 Für das Risotto die Zwiebel und den Lauch fein schneiden. **3** In einem Topf Butter erhitzen und darin den Lauch anschwitzen. Den Reis hinzufügen und so lange mitbraten bis er glasig aussieht.

4 Jetzt die Zwiebel und 1 Teelöffel Safranfäden zugeben, kurz mitrösten und mit dem Weißwein ablöschen. So viel Suppe zugießen, wie der Reis aufnehmen kann, ohne dass sich „Lacken" bilden. **5** Ab jetzt fast ständig rühren, insgesamt etwa 17–20 Minuten, je nach Reissorte.

6 Die Fleischstreifen je zur Hälfte in hellen und dunklen Sesam drücken und in einer beschichteten Pfanne in wenig Öl nicht zu heiß anbraten (der Sesam verbrennt relativ leicht). Fleischstreifen bei 120 Grad im Backrohr ca 10 Minuten fertig garen.

7 Wenn der Reis nur mehr leicht kernig ist, je zwei Esslöffel Butter und Parmesan einrühren.

8 Mit dem Fleisch auf einem Teller anrichten und mit frischem Schnittlauch bestreuen.

ZUTATEN FÜR 4 PORTIONEN

ca. 600 g Hühnerfilet
heller Sesam
dunkler Sesam
Salz, Pfeffer
Öl
350 g Risottoreis
⅛ l guter Weißwein
1 ½ l heiße Gemüsesuppe
1 kleine rote Zwiebel
½ Stange Lauch
Safran
Butter
frisch geriebener Parmesan
Schnittlauch

Unbedingt mehr machen! Die Suppe lässt sich einfrieren, und aus dem restlichen Fleisch wird mit roten Zwiebeln, Käferbohnen und Kernöl ein super Rindfleischsalat.

ZUTATEN FÜR 8 PORTIONEN

3 kg mageres Meisel oder Tafelspitz

10 Scheiben Markknochen

¾ kg Suppengemüse

Salz

bunte Pfefferkörner

Schnittlauch

1 hart gekochtes Ei

6 Scheiben Toastbrot

Obers

Pfeffer

Zwiebeln

Öl

2 kg Erdäpfel

Butter

Kümmel

Rezept für Apfelkren siehe Seite 84

ZUBEREITUNG

1 Zwei ungeschälte Zwiebeln halbieren und in einem großen Topf in wenig Öl auf der Schnittfläche sehr dunkel anbraten. **2** Zwiebeln aus dem Topf nehmen und beiseitestellen, jetzt die Markknochen ebenfalls auf den Schnittflächen anbräunen und rausnehmen. **3** Im Topf 4 Liter Wasser zum Kochen bringen und das Fleisch einlegen. Eventuell noch Wasser dazugeben. Das Fleisch muss bedeckt sein. Den aufsteigenden Schaum mit einem Schaumlöffel abschöpfen. **4** Wenn kein Schaum mehr aufsteigt, ca. 25 Pfefferkörner und die Zwiebeln in die Suppe geben und die Hitze reduzieren, sodass die Suppe nur ganz leicht siedet (insgesamt ca. 3–3½ Stunden).

5 Für den Schmarrn die Erdäpfel schälen, in reichlich Salzwasser gar kochen und abseihen. **6** In einer schweren Pfanne eine gehackte Zwiebel in Butter und Öl goldbraun anrösten, Erdäpfel und reichlich Kümmel dazugeben und mit einem Kochlöffel grob zerdrücken. **7** Den Schmarrn leicht anrösten, vom Herd nehmen. **8** Mit einem geölten Schöpflöffel Halbkugeln formen, auf ein mit Backpapier ausgelegtes Blech legen und im Rohr 10–15 Minuten bei 180 Grad Oberhitze backen.

9 Für die Schnittlauchsauce die entrindeten Toastbrotscheiben grob würfeln und in etwas Obers einweichen, ziehen lassen. **10** Die Brotstücke mit ein wenig heißer Suppe aufgießen, mit einer Gabel zerdrücken. Reichlich gehackten Schnittlauch und das gehackte, hartgekochte Ei dazugeben, mit Salz und Pfeffer abschmecken.

11 Das Gemüse (bis auf die Zwiebel) in mundgerechte Stücke schneiden und zusammen mit den Markknochen eine halbe Stunde vor Ende der Garzeit zur Suppe dazugeben.

Mageres Meisel mit Erdäpfelschmarrn, Apfelkren & Schnittlauchsauce

12 Das Fleisch herausnehmen (es ist fertig, wenn es sich mit einer Fleischgabel nicht mehr senkrecht aus der Suppe heben lässt) und gegen die Faser in Scheiben schneiden. Mit der Sauce, dem Apfelkren, dem Schmarren, dem Gemüse und etwas Suppe anrichten und mit Schnittlauch bestreuen.

„Ich ernähre mich schon seit Jahren vegetarisch. Und selbst wenn es nicht immer leicht ist, geben sich die Burschen in der Küche immer Mühe, auch für mich etwas zuzubereiten."

MANFRED, 48, GELERNTER GRAFIKER

Vollbrand eines Klein-LKW

„Gutes Essen muss nicht weit gereist sein! Jeder österreichische Saibling nimmt's locker mit irgendwelchen Garnelen auf!"

ANDREAS, 47, GELERNTER MECHANIKER

Spinatgnocchi mit Kürbissauce

ZUBEREITUNG

1 Für die Gnocchi die Erdäpfel in Salzwasser weich kochen, noch heiß schälen, durch eine Presse drücken und 10 Minuten ausdampfen lassen. Mit 3 Teelöffeln Salz und dem Mehl zu einem festen Teig verkneten. So viel Cremespinat einarbeiten, dass die Gnocchi eine leicht grüne Farbe bekommen.

2 Aus dem Teig daumendicke Rollen formen und diese in Stücke von ca. 3 cm teilen. Mit einer Gabel ein Muster eindrücken und in siedendem Salzwasser gar ziehen lassen.

3 Kürbis entkernen, schälen (bei Hokkaido nicht notwendig) und in kleine Würfel schneiden. Die Zwiebel, den Knoblauch und die Petersilie fein hacken.

4 In einem Topf etwas Butter und Öl erhitzen und die Zwiebel und den Knoblauch darin anschwitzen. Die Safranfäden untermischen und kurz mitrösten.

5 Den Kürbis und die Hälfte der Petersilie dazugeben und mit der Suppe aufgießen. So lange kochen, bis der Kürbis noch einen leichten Biss hat, und mit Orangensaft, Salz und Pfeffer abschmecken.

6 Jetzt den Rest der Petersilie unterrühren und mit den Gnocchi anrichten.

ZUTATEN FÜR 4 PORTIONEN

900 g mehlige Erdäpfel

300 g Mehl

Salz

ein wenig Cremespinat

600 g Kürbisfruchtfleisch
am besten Hokkaido- oder Muskatkürbis

1 Zwiebel

2 Knoblauchzehen

¼ l Gemüsesuppe

Butter

Öl

Pfeffer

1 kleiner Becher Crème fraîche

1 Teelöffel Safran

½ Bund Petersilie

frisch gepresster Orangensaft

Reisauflauf mit Äpfeln

ZUBEREITUNG

1 Den Reis so lange in einem Sieb mit kaltem Wasser spülen, bis das ablaufende Wasser klar ist. **2** Die Milch mit einem Teelöffel Zimt und dem Zitronenabrieb aufkochen lassen und den Reis untermengen. Jetzt ständig rühren und den Reis weich kochen. Eventuell noch ein wenig Milch dazugeben. Den Reis ein wenig abkühlen lassen.

3 Die Äpfel schälen und in feine Scheiben hobeln. Sofort mit Zitronensaft, Zucker und Zimt marinieren, damit sie nicht braun werden.

4 Die Eier trennen und aus den Eiklar einen steifen Schnee schlagen. **5** Die Butter mit dem Zucker schaumig rühren und unter ständigem Rühren die Eidotter einzeln dazugeben.

6 Die Butter-Zucker-Masse mit dem Reis vermischen, dann den Schnee unterheben.

7 Eine Form ausbuttern, mit Bröseln bestreuen und die Hälfte der Masse einfüllen. **8** Die marinierten Äpfel darauf verteilen, den Rest der Masse darübergeben und glattstreichen.

9 Die Form in das auf 160–170 Grad vorgeheizte Backrohr schieben und 50–60 Minuten backen.

10 Den fertigen Auflauf in Stücke schneiden und mit Himbeersirup übergießen.

ZUTATEN FÜR 6 PORTIONEN

250 g Rundkornreis
ca. ½ l Milch
gemahlener Zimt
Abrieb von 2 Zitronen (unbehandelt)
100 g Butter
80 g Zucker
6 Eier
½ kg Äpfel
Saft von einer Zitrone
Himbeersirup

„Auch wenn manchmal etwas schiefgeht in der Küche, schmeckt man normalerweise, dass die Burschen gern kochen."

MARKUS, 27, GELERNTER ELEKTRIKER

LIEBHERR

Dass alle Feuerwehrleute kochen können, das stimmt nur bedingt, aber essen können wir alle!

SEKTION VIII

HAUPTFEUERWACHE DONAUSTADT

DIE HAUPTFEUERWACHE DONAUSTADT WURDE 1963 VOM DAMALIGEN BÜRGERMEISTER FRANZ JONAS IN DIENST GESTELLT UND DIENTE BIS 1996 ALS ZUGSWACHE, AUF WELCHER UNTER ANDEREM AUCH EIN TAUCHERFAHRZEUG SAMT BOOT BEREITSTAND.

Mit der Eröffnung der Hauptfeuerwache Floridsdorf und der damit zusammenhängenden Umstrukturierung der Aufgabenverteilung wurde die Zugswache zur Hauptfeuerwache aufgewertet. Hier werden unter anderem Ausbildungen an Schneid- und Trennwerkzeugen sowie der richtige Umgang beim Baumfällen unterrichtet.

Heute sind in der Hauptfeuerwache Donaustadt eine komplette Löschbereitschaft sowie das Umweltmessfahrzeug untergebracht.

Minestrone

ZUBEREITUNG

1 Die Erdäpfel schälen, in kleine Würfel schneiden und mit der Suppe zum Kochen bringen.

2 Das Gemüse (bis auf die Tomaten) in feine Würfel bzw. Ringe schneiden und ebenfalls zur Suppe geben, ca. 12 Minuten kochen lassen.

3 Die Tomaten mit einem Schaumlöffel ca. 1 Minute in die kochende Suppe halten und dann unter kaltem Wasser abschrecken. (Jetzt lässt sich die Haut leicht einritzen und abziehen.) **4** Die Tomaten schälen und würfeln und gemeinsam mit den abgetropften Bohnen in die Suppe geben und noch 15 Minuten kochen lassen.

5 Mit Salz und Pfeffer abschmecken und auf Tellern anrichten. **6** Mit einem Esslöffel Pesto und dem frischen Parmesan dekorieren und servieren.

7 Wer die Suppe noch reichhaltiger möchte, kann einige Minuten vor Ende der Kochzeit noch eine Handvoll Teigwaren zur Suppe geben und mitkochen (Packungsanleitung beachten!).

ZUTATEN FÜR 6 PORTIONEN

½ kg speckige Erdäpfel
1 ½ l Gemüsesuppe
1 Stange Lauch
200 g Karotten
2 große Fleischtomaten
1 Dose weiße Bohnen
200 g Zeller
Salz
Pfeffer
Öl
Pesto aus dem Glas
frisch geriebener Parmesan
eventuell kleine italienische Teigwaren

GERHARD MIT
MANUEL UND THOMAS
(V. L.)

„Wenn wir schon kochen, dann meistens auch mehr. Bei Spaghetti bolognese ist es nicht die doppelte Arbeit, die zweifache Menge zuzubereiten. Zwei Wochen später ist man froh, wenn man nur morgens den eingefrorenen Topf warmzustellen braucht anstatt zu kochen. Nudeln sind gleich gemacht, und ein frischer Salat dauert auch nicht lang. So zaubert man binnen 20 Minuten ein Essen für 30 Fresssäcke."

ALEXANDER, 33, GELERNTER HAFNER

Gedämpftes Hühnerfilet mit Lauchoberssauce und Bandnudeln

ZUTATEN FÜR 4 PORTIONEN

4 Hühnerbrüste ohne Haut
eine Stange Lauch
ein Becher Schlagobers
ca. ¼ l Hühnersuppe
Erdnussöl
Salz
Pfeffer
frischer Schnittlauch
½ kg Bandnudeln

ZUBEREITUNG

1 Den Lauch der Länge nach vierteln und klein schneiden.

2 Die Hühnerbrüste putzen, salzen und pfeffern.

3 Die Hühnerbrüste am besten in einem gusseisernen Wok mit Dämpfeinsatz in Erdnussöl kurz und scharf anbraten und zur Seite legen. **4** Jetzt im Wok den fein geschnittenen Lauch glasig anschwitzen. **5** Mit der Hühnersuppe aufgießen, salzen und pfeffern und den Dämpfeinsatz einhängen.

6 Die Hühnerbrüste auf den Dämpfeinsatz legen und bei geschlossenem Deckel über der Lauchsauce etwa 15–20 Minuten dämpfen.

7 In der Zwischenzeit die Bandnudeln in einem Topf mit Salzwasser nach Packungsanleitung kochen.

8 Die Hühnerbrüste weglegen und die Sauce mit einem Stabmixer unter Zugabe von Schlagobers pürieren.

9 Das Fleisch noch kurz in der Sauce ziehen lassen und mit den Bandnudeln anrichten.

„Ich spar das ganze Jahr lang und schau mir dafür während meiner Urlaube die Welt an. Wenn irgendwie möglich, besuche ich dort stets eine Wache der Feuerwehr, und eines war bis jetzt überall gleich: Ich wurde mit meiner Lebensgefährtin zum Essen eingeladen.
So sind wir schon in den mitunter zweifelhaften Genuss gekommen, unter anderem in Finnland Wal und in Sibirien Bär zu essen. (Dort gab es auch literweise Wodka dazu. Ist halt doch noch ein wenig rustikaler als bei uns!)
Ich glaube, das Essen und die Kameradschaft spielt bei den Feuerwehren auf der ganzen Welt eine nicht zu unterschätzende Rolle."

KARL, 54, GELERNTER MALER

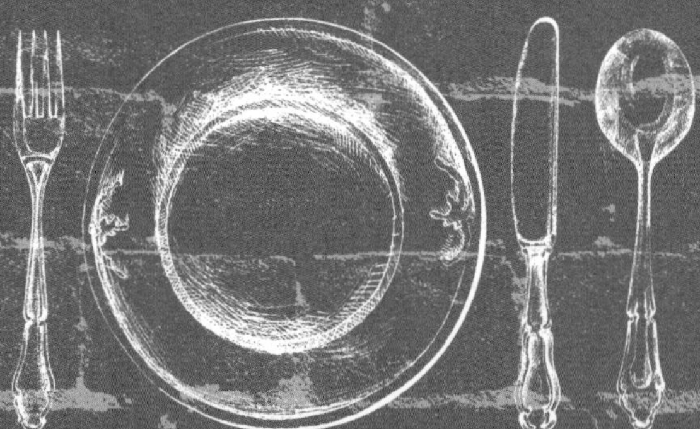

Paprikahendl mit Nockerln

ZUBEREITUNG

1 Das Hendl in 8 Teile zerlegen (Brüste sowie Keulen teilen) waschen, trocken tupfen, salzen und pfeffern. **2** Die Zwiebel und den Knoblauch fein hacken. **3** In einem großen Bräter Öl erhitzen und die Hendlteile braun anbraten, warmstellen. **4** Im Bratfett die Zwiebeln anrösten und den Knoblauch dazugeben. **5** 1 Esslöffel Tomatenmark und 1 Esslöffel Paprika unterrühren, kurz mitrösten. **6** Mit der Suppe ablöschen, mit Majoran, Salz und Pfeffer würzen und die Hendlteile einlegen. **7** Aufkochen und ca. 45 Minuten zugedeckt köcheln lassen.

8 In der Zwischenzeit die Milch mit einem Ei versprudeln und mit dem Mehl vermischen. **9** Mit 3 Esslöffeln Öl und 1 Teelöffel Salz zu einem glatten Teig verrühren und von einem nassen Holzbrett mit einem Messer kleine Nockerl in kochendes Salzwasser schaben. **10** 5–10 Minuten kochen lassen, abseihen und warmstellen.

11 Wenn die Hendlteile gar sind, diese aus dem Saft heben, 2 Esslöffel glattes Mehl mit dem Sauerrahm glattrühren und in der Sauce 5 Minuten mitkochen. **12** Mit einem Stabmixer pürieren und mit Salz und Pfeffer abschmecken.

13 In einer Pfanne die Butter schmelzen und die Nockerl darin schwenken.

14 Die Hendlteile mit den Nockerln anrichten, mit der Sauce überziehen und mit frischem Schnittlauch bestreuen.

ZUTATEN FÜR 4 PORTIONEN

1 großes Hendl
½ kg Zwiebeln
750 ml Hühnersuppe
edelsüßer Paprika
Tomatenmark
2 Knoblauchzehen
ein Becher Sauerrahm
250 g glattes Mehl
Salz
Pfeffer
Majoran
Butter
Öl
1 Ei
250 ml Milch
50 g Butter

Spinatpalatschinken mit Knoblauchsauce

ZUTATEN FÜR 4 PORTIONEN

8 Palatschinken
Rezept siehe Seite 76

1 kleine Zwiebel

Knoblauch

400 g Blattspinat (Tiefkühlprodukt auftauen)

200 g Schafkäse

Muskatnuss

Erdäpfelstärke

2 Eier

je ein halber Becher Sauerrahm und Joghurt

1 Becher Schlagobers

200 g Gouda, gerieben

Butter

Salz, Pfeffer, Zucker

Apfelessig

frischer Schnittlauch

ZUBEREITUNG

1 Den Blattspinat in einem Sieb auftauen lassen, damit das Wasser, das er verliert, abtropfen kann. **2** Die Zwiebel und 4–5 Zehen Knoblauch fein hacken, den Schafkäse grob würfeln.

3 In einer Pfanne die Butter zerlassen, die Zwiebel und den Knoblauch darin andünsten. Den Spinat dazugeben, mit Salz, Pfeffer und Muskatnuss würzen und abkühlen lassen.

4 Die abgekühlte Masse mit einem Ei, einem Teelöffel Erdäpfelstärke und dem zerbröckelten Schafkäse vermengen.

5 Die Palatschinken mit der Spinatmasse füllen, einrollen und nebeneinander in eine geölte Auflaufform schlichten.

6 Das Schlagobers mit dem restlichen Ei und dem geriebenen Käse vermengen, salzen, pfeffern und über den Palatschinken verteilen. **7** Im Backrohr bei ca. 180 Grad eine Viertelstunde lang überbacken.

8 Für die Knoblauchsauce den Rahm und das Joghurt mit zwei fein gehackten Knoblauchzehen, Salz, Pfeffer, Apfelessig und Zucker pikant abschmecken, frisch geschnittenen Schnittlauch unterrühren.

9 Die Palatschinken mit der Knoblauchsauce anrichten. Als Beilage passen Salzerdäpfel sehr gut.

„Meine Mama wurde schwer krank, als ich noch ein kleines Kind war, und ist dann viel zu früh verstorben. Mein Papa hat für seine drei Buben hackeln müssen, und ich wollt trotzdem gut essen. Also hab ich mit neun Jahren mein erstes Rezept erfunden: mit Käse gefüllte und panierte Extrawurstscheiben. I ess sie heut noch gern!"

MARTIN, 46, GELERNTER MASCHINENSCHLOSSER

Massiver Einsatz von Schaummitteln bei einem Industriebrand

Auch nach einem Einsatz ist jede Menge zu tun

„Ich bin schon kurz vor der Trennung gestanden, weil ich über Wochen hinweg säckeweise Zwiebeln heimgeschleppt und geschnitten habe, um der Schnellste zu werden. Nicht einmal der Besitzer eines Balkan-Grillrestaurants hätt es ausgehalten in unserer Wohnung, meine Lebensgefährtin eben auch nicht. Aber heut bin ich der Schnellste, und meine damalige Lebensgefährtin ist meine Frau."

ROBERT, 45, GELERNTER BAUSPENGLER

Opa Schlagers Kaltschale

Die Waldviertler Antwort auf Tiramisu

ZUBEREITUNG

1 Kleine Glasschüsseln vorbereiten. **2** In einer flachen Schüssel den Kakao mit dem Rum (kann auch weggelassen werden) vermischen. **3** Den Rahm mit dem Zucker glattrühren.
4 Die Biskotten einzeln kurz in den Kakao tauchen und in alle Schüsseln eine erste Schicht einlegen. **5** Mit einem Löffel eine Schicht Rahm darauf streichen.
6 Jetzt wieder eine Schicht in Kakao getauchte Biskotten drauflegen, eine Schicht Rahm und abwechselnd so weitermachen, bis alles aufgebraucht ist. **7** Am Ende eine dicke Schicht Kochschokolade darüber raspeln. **8** Die Schüsseln mit Frischhaltefolie abdecken und mindestens drei Stunden, besser aber über Nacht ziehen lassen.

ZUTATEN FÜR 6 SCHÜSSERL

1 Packung Biskotten
ca. ½ l Magerkakao
ev. 1–2 Stamperl Rum
2 Becher Sauerrahm
20 g Vanillezucker
Kochschokolade

Eine Hommage an den verstorbenen Großvater meiner Frau, der sonst nie etwas in der Küche gemacht hat, sich die Zubereitung dieser Nachspeise aber nicht nehmen ließ.

SEKTION IX

HAUPTFEUERWACHE LIESING

Gruppenwachen Altmannsdorf und Speising

DIE 1967 NUR ALS ZUGSWACHE ERBAUTE WACHE AVANCIERTE ERST NACH EINEM AUSBAU IM JAHR 1983 ZUR HAUPTFEUERWACHE. DIE ENTSTEHUNG NEUER INDUSTRIEGEBIETE, DER ZUNEHMENDE VERKEHR UND DER BAU GROSSER WOHNHAUSANLAGEN IM SÜDEN WIENS MACHTEN DIES NÖTIG.

Neben einer gesamten Löschbereitschaft stehen auf dieser Wache auch ein Großtankfahrzeug und ein Wechselladerfahrzeug für Dekontamination oder Umweltschutz im Dienst.

Die Gruppenwache Altmannsdorf wurde 1926 erbaut und besteht aus dem Wachegebäude mit der Fahrzeughalle, den Mannschaftsunterkünften und einem dreistöckigen Übungsturm. Sie ist mit einem Löschfahrzeug besetzt.

Ebenfalls mit einem Löschfahrzeug besetzt ist die Gruppenwache Speising, die aufgrund der Weitläufigkeit des Bezirkes notwendig ist, um bei Einsätzen möglichst kurze Anfahrtszeiten zu gewährleisten.

Kürbiscremesuppe mit gerösteten Kürbiskernen

ZUTATEN FÜR 6 PORTIONEN

1 ½ kg Kürbis
am besten Muskat- oder Hokkaidokürbis

1 ½ l Gemüsesuppe

1 große Zwiebel

Schlagobers oder Crème fraîche

Öl

Butter

Salz, Pfeffer

Balsamico

Muskatnuss

geröstete Kürbiskerne

Kürbiskernöl

ZUBEREITUNG

1 Den Kürbis schälen und entkernen. Das Fruchtfleisch in kleine Stücke schneiden.

2 Die Zwiebel fein hacken und in etwas Butter und Öl glasig andünsten. **3** Das Fruchtfleisch dazugeben und kurz mitrösten. **4** Mit der Suppe aufgießen und ca. 15 Minuten köcheln lassen.

5 Vom Schlagobers oder von der Crème fraîche 2–3 Esslöffel einrühren und mit einem Stabmixer fein pürieren.

6 Mit Muskatnuss, Salz, Pfeffer und Balsamico abschmecken.

7 Auf Tellern anrichten und mit den gerösteten Kürbiskernen bestreuen. Noch ein paar Tupfer vom Kürbiskernöl darauf verteilen und servieren.

RAINER (RECHTS) MIT ARNOLD, MATHIAS UND STEFAN (V. L.)

„Am besten gefallen mir immer unsere ‚Modellathleten', die sich, wenn das Fotoshooting für den nächsten Feuerwehrkalender ansteht, wie Prinzessinnen verhalten und so tun, als hätten sie noch nie in ihrem Leben etwas Frittiertes gegessen. Und wenn's vorbei ist, dann ist ein ganzes Backhendl zu wenig!"

PETER, 55, GELERNTER TISCHLER

„‚Beim Erdäpfelschälen san ma olle gleich, weil essen willst jo a, du Hirsch!‘, hat mein erster Zugskommandant einmal zu einem gerade zum Löschmeister beförderten Kollegen gesagt, der sich davor drücken wollte.“

MANUEL, 32, GELERNTER MAURER

Bergung eines gekenterten Bootes unter Mithilfe der Einsatztaucher

Rindschnitzerl mit Curry und Erdäpfelknödel

ZUBEREITUNG

1 Die Rindschnitzel an den Rändern einschneiden, klopfen, salzen und pfeffern. **2** Die Zwiebeln, den Knoblauch und die Gurkerl fein hacken.

3 Die Schnitzel bemehlen und in einem geräumigen Topf in Öl und Butter scharf anbraten.

4 Im gleichen Topf die Zwiebeln und den Knoblauch anschwitzen. **5** Wenn die Zwiebeln Farbe angenommen haben, 2–3 Teelöffel Currypulver untermischen und kurz mitrösten.

6 Mit der Suppe ablöschen, aufkochen und ca. 10 Minuten kochen lassen.

7 Die Suppe mit den Zwiebeln fein pürieren und das Fleisch und die gehackten Gurkerl einlegen.

8 Bei geschlossenem Deckel etwa 1 Stunde leicht dünsten lassen.

9 Wenn eine stärkere Bindung des Saftes gewünscht wird, etwas Speisestärke in kaltem Wasser auflösen, untermischen und noch mal aufkochen.

10 Mit einem Erdäpfelknödel anrichten.

ZUTATEN FÜR 4 BIS 6 PORTIONEN

1 ½ kg Rindschnitzel

1 l Rindsuppe

1 große Karotte

5 Essiggurkerl

2 Zwiebeln

4 Knoblauchzehen

Mehl

Öl

Butter

Salz, Pfeffer

Currypulver

Rezept für Erdäpfelknödel siehe Seite 84

Lachsspaghetti mit Rucola, Paprikasauce und Blattsalat

ZUTATEN FÜR 4 PORTIONEN

600 g Spaghetti

½ kg Räucherlachs (im Ganzen)

eventuell 2 Stamperl Whiskey

100 g Cocktailtomaten

2 Handvoll Rucola

1 kleine Zwiebel

2 Zehen Knoblauch

Tomatenmark

Paprikapulver

Salz

Pfeffer

1 Becher Schlagobers

frischer Blattsalat

Balsamicoessig

Olivenöl

ZUBEREITUNG

1 Die Zwiebel und den Knoblauch fein hacken. **2** Den Lachs in grobe Würfel von ca. 15 mm schneiden. Die Tomaten vierteln.

3 In einem geräumigen Topf ausreichend Salzwasser zum Kochen bringen und die Spaghetti nach Packungsangabe bissfest kochen, abseihen.

4 In einer großen beschichteten Pfanne Butter zerlassen, die Zwiebel und den Knoblauch glasig andünsten.

5 Die Lachswürfel und einen Teelöffel Tomatenmark dazugeben und mit etwas Paprikapulver bestäuben, kurz mitbraten, mit dem Whiskey ablöschen und das Schlagobers dazuleeren.

6 Die Tomaten untermengen, mit Salz und Pfeffer abschmecken und kurz köcheln lassen.

7 Die gekochten Spaghetti zur Sauce geben und vermischen.

8 Erst kurz vor dem Anrichten den Rucola untermischen.

9 Den Blattsalat mit einer Marinade aus Balsamico, Olivenöl, Salz und Pfeffer vermengen und dazu servieren.

„Mein erster Zugskommandant Anfang der Neunziger hat, wenn er gut aufgelegt war, aus einem leeren Eiskasten ein Drei-Gänge-Menü gezaubert. Wir wollen bis heut nicht wissen, was da drinnen war, aber geschmeckt hat es immer!"

TONI, 48, GELERNTER KFZ-MECHANIKER

Krautstrudel mit Schnittlauchrahm

ZUBEREITUNG

1 Das Kraut vom Strunk befreien und in feine Streifen hobeln. **2** Die Zwiebel fein hacken.

3 In einem großen Topf Öl erhitzen und 3 Esslöffel Zucker darin anbräunen. **4** Die Zwiebel und das Kraut dazugeben und leicht braun anrösten. **5** Salzen, pfeffern und mit ganz wenig Rindsuppe aufgießen. Zugedeckt 10–15 Minuten weich dünsten. Den Deckel entfernen und das Kraut ausdampfen lassen.

6 Die Erdäpfel schälen, in 3 cm große Stücke schneiden und in Salzwasser mit Kümmel weich kochen. Abseihen und ebenfalls ausdampfen lassen.

7 Die Erdäpfel und das Kraut vermengen und auf den Strudelblättern verteilen.

8 Die Schmalseiten der Teigblätter 1 cm einschlagen und den Strudel über die Längsseite straff einrollen.

9 Mit der überlappenden Seite nach unten auf ein mit Backpapier ausgelegtes Blech legen und mit versprudeltem Ei bestreichen. Bei 180 Grad ca. 20 Minuten fertig backen (siehe Packungsanleitung).

10 Den Rahm mit Salz, Pfeffer, Zucker und Essig pikant abschmecken und reichlich Schnittlauch untermischen.

11 Den Strudel in schräge Scheiben schneiden und mit der Sauce anrichten.

ZUTATEN FÜR 2 STRUDEL

1 Krauthappel à mindestens 1 kg

400 g speckige Erdäpfel

1 Zwiebel

Rindsuppe

Zucker

Salz, Pfeffer, Kümmel

Öl
noch besser ist Schmalz, wenn es nicht vegetarisch sein muss

2 Lagen Strudel- oder Blätterteig
Fertigprodukt

1 Ei

2 Becher Rahm

frischer Schnittlauch

Essig

Scheiterhaufen mit Schneehaube

Einfach, aber gut

ZUTATEN FÜR EINE 30ER-FORM

7 altbackene Semmeln
7 Eier
100 g Zucker
4 Eier
750 ml Milch
100 g Butter
2 große Äpfel
Saft von 1 Zitrone
Zimt
Öl
eventuell ein paar EL Rumrosinen und/oder geröstete Mandeln

ZUBEREITUNG

1 Die Semmeln blättrig schneiden.

2 Die Butter mit dem Zucker schaumig rühren. **3** Drei der Eier trennen und das Eiklar mit einer Prise Salz zu einem steifen Schnee schlagen. **4** Die Milch mit den vier restlichen Eiern und den übrigen Dottern versprudeln, die schaumige Butter einrühren.

5 Die Äpfel schälen und mit Zitronensaft und ein wenig Zimt gleich marinieren, damit sie nicht braun werden.

6 Die versprudelte Milch über die Semmelscheiben gießen und kurz ziehen lassen.

7 Eine Auflaufform mit Öl ausstreichen und mit Bröseln bestreuen. **8** Jetzt abwechselnd Semmelscheiben und marinierte Äpfel übereinander schichten und gegebenenfalls in Rum eingelegte Rosinen oder Mandelsplitter darüberstreuen.

9 Den Rest der Milch gleichmäßig darüber gießen.

10 Den Auflauf bei 160–170 Grad ca. 30 Minuten im Backrohr backen, dann den geschlagenen Schnee auf dem Auflauf verteilen und nochmals für ca. 10 Minuten ins Rohr schieben.

11 Dazu passt die Vanillesauce von Seite 76 oder eine schnelle Schokosauce: einfach ein paar Esslöffel Nutella mit etwas Milch verrühren und aufwärmen.

„I kann ned kochn und mei Frau no weniger. Wenn's die Feuerwehr ned gäb, wär i scho längst verhungert!"

STEFAN, 50, GELERNTER INSTALLATEUR

„I hob scho ois Kind gern kocht, aber als Beruf hob i ma's nie vorstelln können! Wos i do jetzt mochen konn, is a Hammer!"

THOMAS, 28, BANKKAUFMANN

„Wenn des so weitergeht mit den Vegetariern, werden wir bald mit unserem Schnitzerl bei den Rauchern draußen stehn!"

MARTIN, 46, MASCHINENSCHLOSSER

FEUERWEHR
NOTRUF 122
rosenbauer
W 1193 FW

SEKTION X

FEUERWACHE RATHAUS

DIE FEUERWACHE RATHAUS UNTERSCHEIDET SICH VON DEN BISLANG BESCHRIEBENEN SEKTIONEN DURCH EINEN ERWEITERTEN AUFGABENBEREICH: DIE 1927 DER FEUERWEHR UNTERSTELLTE WACHE HAT, ÜBER DIE „NORMALEN" FEUERWEHRAUFGABEN HINAUS, AUCH VERANTWORTLICHKEITEN, DIE DIE SICHERHEIT DER STADT WIEN BETREFFEN.

Die wienweiten Aufgaben erstrecken sich unter anderem auf den vorbeugenden Brandschutz in Amtsgebäuden, den Objekt- und Personenschutz, den Betrieb des Warn- und Alarmsystems und der Katastrophenleitzentrale und vieles mehr. Auch administrative Tätigkeiten, wie zum Beispiel die Ausstellung von Notreisepässen und die Entgegennahme von Fundgegenständen, gehören dazu.

Darüber hinaus werden von der Feuerwache Rathaus jährlich mehrere hundert Veranstaltungen – darunter Staatsempfänge, Bälle, Banketts und Konzerte – sicherheitstechnisch abgewickelt. Auf der Wache stehen rund um die Uhr ein Löschfahrzeug sowie zwei Sonderfahrzeuge für Sicherheitseinsätze im Dienst.

Ausbildungstechnisch konzentriert man sich hier auf die wachespezifischen Aufgaben die Sicherheit der Stadt Wien betreffend. Das bedeutet, dass die hier Dienst versehenden Beamten nach bzw. neben den üblichen feuerwehrtechnischen Ausbildungen noch mal für ein halbes Jahr die Schulbank drücken müssen. Diese zusätzlichen Ausbildungen reichen von körperlichen über taktische und rechtliche Schulungen bis hin zu Einsatztechniken und Notwehrausbildungen und werden wacheintern von Juristen und von beim Innenministerium dafür speziell ausgebildeten Einsatztrainern durchgeführt.

BÜRGERMEISTER
DR. MICHAEL HÄUPL (MITTE)
MIT ULRICH, MARKUS,
HELMUT, BERND
UND DANIEL (V. L.)

„Es macht für uns einen riesigen Unterschied, ob wir kochen müssen oder kochen wollen. Das schmecken auch die Kollegen."

MARKUS, 36, GELERNTER KOCH

„I pfeif auf große Teller mit kleinen Portionen. Mir ist es umgekehrt lieber."

NORBERT, 50, GELERNTER WAFFENSCHMIED

Schweizer Käsesuppe

Überbacken ... oder auch nicht

ZUBEREITUNG

1 Alle Käsesorten fein reiben, den Schnittlauch hacken.

2 Die Suppe erwärmen und das Obers, den Wein und den geriebenen Käse dazugeben. **3** Unter ständigem Rühren die Käse in der Suppe schmelzen. Dabei darauf achten, dass die Suppe nicht kocht. **4** Wenn der Käse geschmolzen ist, den gehackten Schnittlauch unterrühren.

5 Sollte eine stärkere Bindung gewünscht werden, etwas Speisestärke in Wasser auflösen, untermengen und kurz aufkochen lassen.

6 Den Lauch in feine Ringe schneiden. **7** Die Suppe auf Teller geben und den frischen Lauch darüber streuen.

8 Sollte die Suppe überbacken werden, diese in feuerfeste Schüsseln geben, mit dem Lauch, einer Scheibe Toastbrot und geriebenem Gratinkäse eine Haube machen und bei starker Oberhitze im Rohr ca. 10 Minuten überbacken, bis der Käse schön braun ist.

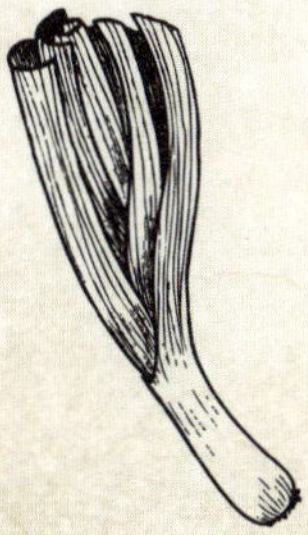

ZUTATEN FÜR 6 PORTIONEN

2 l Gemüsesuppe

200 g Appenzeller

200 g Raclettekäse

100 g Bergkäse

½ Stange Lauch

¼ l Weißwein
am besten Riesling

1 Becher Schlagobers

Schnittlauch

Salz

Pfeffer

eventuell Stärkemehl

Falls die Suppe überbacken werden soll, braucht man noch 100 g Gratinkäse und Toastbrot

„Mit meinem ersten Püree hätt ma ein Badezimmer verfugen können. Das wär noch immer dicht."

GEORG, 32, GELERNTER MECHANIKER

Fleischbällchen Stroganoff mit Pasta

ZUBEREITUNG

1 Das Faschierte mit dem Knoblauch, Salz, Pfeffer und ein wenig Erdäpfelstärke gut vermengen und mit befeuchteten Händen kleine Bällchen von ca. 3 cm Durchmesser formen.

2 In einer flachen Schüssel Mehl mit Paprikapulver vermischen, die Bällchen darin wälzen und zur Seite legen.

3 Einen großen Topf mit Salzwasser zum Kochen bringen, die Pasta nach Packungsanleitung darin kochen, abseihen und warmstellen.

4 In einer schweren Pfanne Butter und Öl erhitzen, die Fleischbällchen knusprig anbraten, herausnehmen und im Rohr warmhalten. **5** Im Bratensatz die Zwiebel und den Knoblauch anschwitzen, eventuell noch Butter hinzufügen. Die Pilze dazugeben und leicht dünsten. **6** Tomatenmark kurz mitbraten, dann den Wein, etwas Senf und wenig Suppe zugießen. **7** Mit Salz und Pfeffer abschmecken, die Fleischbällchen einlegen und noch 5 Minuten weiter dünsten.

8 Vor dem Anrichten den Rahm einrühren und die frisch gehackte Petersilie unterziehen.

ZUTATEN FÜR 4 PORTIONEN

800 g faschiertes Rindfleisch oder gemischtes Faschiertes

600 g kleine Pasta

3–4 Knoblauchzehen, gepresst

1 große Zwiebel, fein gehackt

Erdäpfelstärke

300 g Champignons

Tomatenmark

scharfer Senf

Salz, Pfeffer

Paprikapulver

Mehl

Butter

200 ml Rindsuppe

1 Becher Rahm

frisch gehackte Petersilie

⅛ l Weißwein

Gemüselasagne

ZUBEREITUNG

1 Die Melanzani längs in schmale Scheiben schneiden, salzen und eine halbe Stunde ziehen und abtropfen lassen. Dann abspülen, trocken tupfen, mit Olivenöl bestreichen und im Rohr grillen, bis sie Farbe nehmen.

2 Das restliche Gemüse klein würfeln.

3 Jetzt die Bechamelsauce zubereiten. Dazu die Butter schmelzen, das Mehl einrühren und unter ständigem Rühren

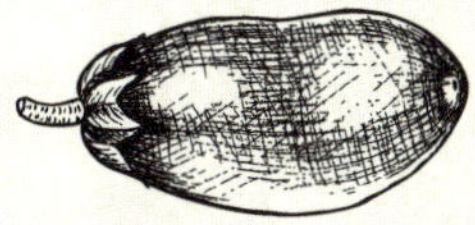

braun werden lassen. So lange Milch zugeben und einkochen lassen, bis eine cremige Konsistenz entsteht. Schließlich den Frischkäse einrühren.

4 In einer Pfanne Olivenöl erhitzen, Zwiebeln und Knoblauch anschwitzen, Karotte, Champignons, Tomatenmark und Paprika dazugeben und 5 weitere Minuten braten.

5 Die Tomaten, etwas Balsamico und ein wenig Zucker einrühren und eine Dreiviertelstunde zugedeckt weich köcheln lassen.

6 In eine geölte Auflaufform eine dünne Schicht der Gemüsesauce einfüllen, mit Lasagneblättern abdecken, wieder Gemüsesauce, dann Spinat, Melanzani und Bechamelsauce. Wieder Gemüsesauce darüber und die Reihenfolge wiederholen, bis alles aufgebraucht ist. Die letzte Schicht muss aus Bechamelsauce bestehen.

7 Beide Käse reiben und vermischen und die Lasagne damit bestreuen.

8 Im Backrohr bei ca. 180 Grad 40–50 Minuten backen.

9 Dazu passt am besten frischer Blattsalat.

ZUTATEN FÜR 6 PORTIONEN

2 große Melanzani
2 Zwiebeln, gehackt
5 Knoblauchzehen
1 große Karotte
150 g Champignons
Tomatenmark
2 Dosen Tomaten (800 g)
300 g frischer Blattspinat
300 g Lasagneblätter
100 g Gouda
150 g Parmesan
frisches Basilikum
Balsamicoessig
1 gelbe Paprika
Salz, Pfeffer
Olivenöl

Für die Bechamelsauce:
60 g Butter
40 g Mehl
Milch
300 g Frischkäse

Hot Chicken Sticks mit zwei scharfen Saucen

ZUTATEN FÜR 3 BIS 5 PORTIONEN

20–25 Hühnerunterkeulen
Knoblauchgranulat
Cayennepfeffer
Salz, Pfeffer
Mehl
Tabasco
Paprikapulver
Frittierfett
8 rote Habanero-Chilis
1 Karotte, gehackt
1 Zwiebel, gehackt
6 Knoblauchzehen, gehackt
Apfelessig
Dosenananas
frischer Orangensaft
10 Piri Piris
je 40 g Koriander und Petersilie
1 TL Chiliflocken
je ½ TL Oregano und Thymian
Sonnenblumenöl
Weißweinessig

ZUBEREITUNG

1 Die Hühnerkeulen in einer Schüssel mit reichlich Salz, Knoblauchgranulat, Cayennepfeffer und Tabasco marinieren und für mindestens 3 Stunden kühlstellen.

2 In einem großen Gefrierbeutel (mind. 3 Liter) Mehl mit Paprikapulver vermischen und die Keulen darin schütteln, bis sie rundum bemehlt sind. **3** In einem großen Topf die Keulen knusprig frittieren und auf einem Rost im Rohr bei 120 Grad 15 Minuten fertig garen.

4 Für die rote karibische Sauce leicht gesalzenes Wasser zum Kochen bringen, die geschnittenen Habaneros 1 Minute lang kochen und mit einem Schaumlöffel in einen Mixbehälter geben.

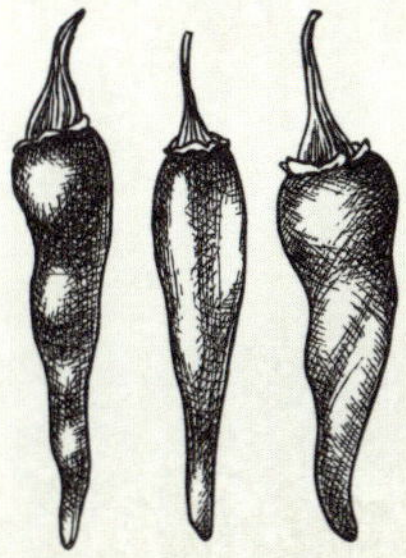

5 Im Kochwasser Zwiebel, Knoblauch und Karotte 10 Minuten weich dünsten, zu den Habaneros geben.
6 Wenig Essig und Orangensaft sowie 5 Esslöffel Ananasstücke dazugeben, zu einem cremigen Püree mixen und durch ein feines Sieb streichen.
7 Für die grüne Chimichurrisauce Koriander, Petersilie, Knoblauch, Oregano, Thymian, Salz und Pfeffer in einer Küchenmaschine oder mit dem Pürierstab fein hacken. **8** Bei eingeschaltener Maschine langsam 120–140 ml Öl einlaufen lassen, bis die Sauce cremig ist. **9** Mit dem Weißweinessig und Salz abschmecken.

Gebackene Apfelspalten

Eine Patzerei, die sich auszahlt

ZUTATEN FÜR 4 BIS 6 PORTIONEN

1 kg Äpfel

100 g Mehl

1 Ei

ca. 300 ml Milch

Salz

Staubzucker

Zimt

Saft einer Zitrone

Öl

Vanillesauce siehe Rezept auf Seite 76

ZUBEREITUNG

1 Mehl, eine Prise Salz, Milch und das Ei zu einem dünnflüssigen Teig versprudeln.

2 Den Saft einer Zitrone mit einem halben Teelöffel Zimt verrühren.

3 Die Äpfel schälen, entkernen und in Scheiben schneiden. Gleich mit dem Zitronensaft beträufeln , damit sie nicht braun werden, und vermischen. **4** Die Apfelspalten durch den Teig ziehen und in heißem Öl goldbraun rausbacken.

5 Auf Küchenrolle abtropfen lassen und mit Staubzucker bestreut anrichten.

6 Dazu passt am besten die Vanillesauce von Seite 76.

„Es ist schön, wenn man mitbekommt, dass sich junge Kollegen in ihrer Freizeit auch mal am Herd anstatt auf der PlayStation duellieren."

ROBERT, 49, GELERNTER KOCH

Bergung von Schadstoffen (unten) und eine Dekontaminationsübung (oben)

„Sogar meine Kids hab ich schon angesteckt mit meiner Kochleidenschaft. Die wollen gar nicht mehr zum Burgerladen, sondern sagen: ‚Können wir uns nicht lieber eine Pizza machen?' Machen, nicht bestellen, wohlgemerkt!"

MARKUS, 29, GELERNTER KFZ-SPENGLER

SEKTION XI

FEUERWACHE AKH

AUCH DIE FEUERWACHE AKH UNTERSCHEIDET SICH VON DEN VORHER GENANNTEN SEKTIONEN DURCH IHR AUFGABENGEBIET. AUFGRUND DER GRÖSSE DES ALLGEMEINEN KRANKENHAUSES MIT JÄHRLICH MEHR ALS 100.000 STATIONÄREN UND ÜBER 500.000 AMBULANTEN PATIENTEN, IST EINE SPEZIELL AUSGEBILDETE TRUPPE NÖTIG, DIE EINZIG UND ALLEIN FÜR DAS AKH ZUSTÄNDIG IST.

An die 9.000 Menschen sind jeden Tag beruflich im AKH tätig, von den Besuchern und Patienten mal ganz abgesehen. Die Gebäude verfügen über mehr als 40.000 Brandmelder, 10.000 Brandschutzklappen und 60.000 Sprinklerköpfe.

Dass bei diesen Ausmaßen eine genaue Kenntnis der Örtlichkeiten und der Betriebsanlagen der Schlüssel zu einem raschen Einsatzerfolg ist, liegt auf der Hand. Noch dazu, wenn es in vielen Bereichen, wie etwa den Labor- oder Röntgenabteilungen, wirklich wichtig ist, zu wissen, womit man es zu tun hat.

Auf der Wache stehen ein Kommandofahrzeug, ein Löschfahrzeug, ein Nachschubfahrzeug und ein Lotsenfahrzeug, das nachrückenden Einsatzkräften mit Ortskenntnis und objektspezifischen Informationen zur Seite steht.

Gulaschsuppe mit oder ohne Bohnen

Wenn man statt dem Fleisch Erdäpfel und statt der Rind- eine Gemüsesuppe nimmt, ist diese Suppe auch für Vegetarier geeignet!

ZUTATEN FÜR 6 PORTIONEN

600 g Rindfleisch

3 große Zwiebeln

4 Knoblauchzehen

Essig

2 l Rindsuppe

je zwei gelbe, rote und grüne Paprika

3 große Fleischtomaten

Öl, Tomatenmark

edelsüßes und scharfes Paprikapulver

Kümmel, Majoran

Tabasco

eventuell eine Dose weiße Bohnen

ZUBEREITUNG

1 Das Rindfleisch in kleine Stücke schneiden, die Zwiebeln und den Knoblauch fein hacken. Paprikaschoten entkernen und in Stücke schneiden. **2** In einem Topf die Zwiebeln und den Knoblauch in wenig Öl anschwitzen und das Rindfleisch mitrösten. **3** 3 Esslöffel Tomatenmark, Paprikapulver, 1 Esslöffel Kümmel und Majoran dazugeben und kurz mitrösten.

4 Mit Essig ablöschen, einkochen lassen und mit der Suppe aufgießen. **5** Die Suppe aufkochen und ca. 15 Minuten köcheln lassen.

6 In der Zwischenzeit einen kleinen Topf Wasser zum Kochen bringen und die Tomaten ca. 1 Minute lang einlegen. Mit einem Schaumlöffel rausheben und unter kaltem Wasser abschrecken. **7** Jetzt lässt sich die Haut der Tomaten leicht einritzen und abschälen. Die Tomaten grob würfeln.

8 Paprikastücke und Tomatenwürfel zur Suppe geben und ca. 30 Minuten weiterkochen.

9 Mit Salz, Pfeffer und Tabasco pikant abschmecken.

10 Falls gewünscht, 10 Minuten vor Kochzeitende eine Dose weiße Bohnen zur Suppe geben und mitkochen.

11 Dazu passt am besten frisches Bauernbrot.

MICHAEL MIT THOMAS UND AXEL (V. L.)

„Na sicher ist es manchmal anstrengend, für so viele zu kochen, aber es wird einem trotz all der Keppelei gedankt."

ERNST, 29, GELERNTER FLIESENLEGER

„Ich hab mit zwölf Jahren zu kochen begonnen und bis zu meinem fünfzehnten Lebensjahr mit meiner Mutter jedes Wochenende um die Benützung der Küche gestritten. Dann hab ich das ‚Fortgehen' für mich entdeckt und auf die Kocherei gepfiffen. Erst bei der Feuerwehr hab ich meine frühere Leidenschaft wiederentdeckt."

ALEX, 32, GELERNTER KFZ-SPENGLER

Rechts: der Klassiker – Katze im Baum
Unten: ein Werkstättenbrand

Putencurry mit Karfiol und Nüssen

ZUBEREITUNG

1 Das Fleisch in feine Streifen schneiden, leicht salzen und pfeffern. Den Karfiol vom Strunk befreien und in kleine Röschen teilen. Den Ingwer, die Jungzwiebeln und den Knoblauch in feine Streifen schneiden.

2 In einer schweren Pfanne (am besten einem gusseisernen Wok) das Fleisch in Sesamöl scharf anbraten und rausnehmen. **3** Jetzt die Karfiolröschen anbraten und ebenfalls beiseitestellen.

4 Die Hitze reduzieren und 1 Teelöffel Zucker schmelzen lassen. Zwiebeln, Knoblauch und Ingwer dazugeben und kurz anschwitzen. 2 Teelöffel Currypulver und 1 Teelöffel Thai-Basilikum untermischen. **5** Mit der Kokosmilch und dem Orangensaft aufgießen und aufkochen lassen.

6 Das Fleisch, den Karfiol und die Nüsse unterrühren und etwa 2 Minuten weiterkochen. **7** Mit Salz und Pfeffer abschmecken und mit Basmatireis anrichten.

ZUTATEN FÜR 4 PORTIONEN

½ kg Putenschnitzel

1 Karfiol

3 Jungzwiebeln

3 cm großes Stück Ingwer

2 Knoblauchzehen

300 ml Kokosmilch

Saft einer Orange

60 g gesalzene Erdnüsse

Zucker

getrocknetes Thai-Basilikum

Currypulver

Sesamöl

Salz

Pfeffer

Basmatireis

Spinatfrittata mit Salat

ZUBEREITUNG

1 Die Eier in einer Schüssel mit Salz und Pfeffer verrühren.

2 Die Zwiebel und den Knoblauch fein hacken. **3** Die Cocktailtomaten halbieren oder vierteln.

4 In einer beschichteten Pfanne etwas Butter und Öl erhitzen, Zwiebel und Knoblauch kurz anschwitzen.

5 Den aufgetauten und abgetropften Blattspinat dazugeben und 1–2 Minuten dünsten, damit er zusammenfällt. Mit Salz und Pfeffer würzen und die Tomaten untermischen.

6 Die verrührten Eier zur Spinatmasse geben und schnell unterheben.

7 Jetzt die Frittata 4–6 Minuten anbacken, bis die Eier gestockt sind. Wenden und weitere 2–3 Minuten backen, bis sie schön braun ist, oder wie einen Schmarren zerreißen und fertigbacken.

8 Entweder mit der Pfanne zur Selbstbedienung servieren oder auf einem Teller mit dem Salat anrichten.

9 Dazu passt ein süß-sauer marinierter Salat, auf unserem Foto sind das in Balsamico marinierte rote Paprika.

ZUTATEN FÜR 4 PORTIONEN

8 Eier

250 g Blattspinat

200 g Cocktailtomaten

2 Knoblauchzehen

1 kleine Zwiebel

Salz, Pfeffer

Butter

Öl

Salat nach Wunsch

„I pack manchmal die Leut ned, die glauben, dass Essen erst gut is, wenn sie viel dafür bezahlen."

ROMAN, 42, GELERNTER LANDWIRT

Industriebrandsimulationsanlage im Ausbildungszentrum

„Wir schmeißen so gut wie nie etwas weg. Im guten alten Grenadiermarsch sind die Reste von zwei bis drei Diensten am besten aufgehoben. Rote Rüben und ein paar Gurkerl dazu, und jeder ist glücklich."

STEFAN, 38, GELERNTER DACHDECKER

Chili-Steaks mit Erdäpfel-Champignon-Gröstl

ZUTATEN FÜR 4 PORTIONEN

4 Rinderfilets à 160 g
8 Scheiben Frühstücksspeck
4–6 Piri Piris
Chiliflocken
Salz
Pfeffer
750 g speckige Erdäpfel
200 g Champignons
1 Zwiebel
2 Knoblauchzehen
frische Petersilie
Butter
Öl

ZUBEREITUNG

1 Die Erdäpfel in Salzwasser gar kochen, kalt abschrecken und ein wenig abkühlen lassen.

2 Die Zwiebel, den Knoblauch und die Piri Piris fein schneiden. Die Champignons halbieren oder vierteln. Petersilie hacken.

3 Die Steaks mit je 1–2 Streifen Speck umwickeln (eventuell mit Küchengarn binden) und mit den gehackten Piri Piris auf beiden Seiten einreiben. Etwa 2 Stunden lang einziehen lassen.

4 Die Erdäpfel schälen und würfeln.

5 In einer großen schweren Pfanne etwas Öl und Butter erhitzen und die Steaks auf jeder Seite ca. 4 Minuten scharf anbraten. Mit einem Löffel gelegentlich etwas von der Buttermischung über die Steaks gießen.

6 Die Steaks aus der Pfanne nehmen und im Backrohr bei 80 Grad nachgaren lassen.

7 In der Pfanne die Zwiebel und den Knoblauch anschwitzen, dann die Erdäpfel dazugeben und bräunen. Champignons hinzufügen und kurz mitrösten.

8 Mit Salz und Pfeffer abschmecken und die gehackte Petersilie unterheben.

FEUER
WEHR

TRELLCHEM

Semmelschmarrn

ZUBEREITUNG

1 Die Semmeln in Scheiben schneiden und die Eier trennen. **2** Rosinen mit 2 Stamperln Rum vermischen und ziehen lassen. **3** Die Milch mit den Dottern, dem Zucker und einer Prise Salz versprudeln, über die Semmeln gießen. **4** Rosinen und Semmelscheiben für mindestens eine halbe Stunde ziehen lassen. **5** Backrohr auf 170 Grad vorheizen. **6** Während Rosinen und Semmelscheiben ziehen, aus den beiden Eiklar einen steifen Schnee schlagen. **7** Zuerst die Rosinen und dann den Schnee unter die Semmelscheiben heben. **8** In einer schweren Pfanne die Butter erhitzen und die Semmelmasse einfüllen. Kurz anbacken und ins Rohr schieben. **9** Sobald auch oben eine ganz leichte Kruste entstanden ist, den Schmarren zerreißen und etwa eine Stunde weiterbacken. Dabei immer wieder zerreißen und umdrehen.
10 Mit eingelegten Pfirsichen oder Marillen anrichten oder das Apfel-Birnen-Kompott von Seite 26 zubereiten.

ZUTATEN FÜR 6 PORTIONEN

6 Semmeln

750 ml Milch

2 Eier

50 g Zucker

2 EL glattes Mehl

Salz

50 g Rosinen

Rum

100 g Butter

Staubzucker

Rezept für Apfel-Birnen-Kompott siehe Seite 26

REGISTER

SUPPEN

HAUPTSPEISEN

SÜSS- UND/ODER NACHSPEISEN

* *vegetarisch*
** *auch für Vegetarier möglich*

ÜBER MICH UND DIE GRÜNDE DIESES BUCH ZU SCHREIBEN

Sich selbst zu beschreiben ist nicht einfach und geht am besten, wie alles im Leben, mit Humor, Selbstironie und einer guten Portion Sarkasmus. Also: Baujahr 1970, halber Waldviertler, aufgewachsener Favoritner, seit 14 Jahren im Nordburgenland; gelernter Maschinenschlosser; seit 1991 bei der Feuerwehr in der Sektion X, mit dienstlichen Ausflügen nach Favoriten und Hernals; mittlerweile Brandmeister, Einsatztrainer und überwiegend als Gruppenkommandant und Ausbilder im Sicherheitsbereich tätig; glücklich verheiratet (Frau liest mit!), Vater dreier Kinder.

Ich wundere mich schon lange, dass in vielen Familien kaum mehr gekocht und gemeinsam gegessen wird, die großen Burgerläden boomen und ein Lieferservice nach dem anderen aus dem Boden schießt. Eine meiner schönsten Kindheitserinnerungen ist der herrliche gebackene Leberkäs mit Erdäpfelsalat meiner Oma in ihrer winzigen „Zimmer-Kuchl-Wohnung" in Ottakring. Die heutigen Kids haben kaum mehr eine Chance auf solche Erinnerungen. Und weil sich bei uns auf den Wachen viel ums gemeinsame Kochen und ums miteinander Essen geht, habe ich beschlossen, die besten Rezepte und lustigsten Gschichtln zu Papier zu bringen. Kochen ist das einzige Hobby, das ich jetzt schon seit über 35 Jahren durchgehend betreibe. Ich stand auch schon hunderte Male im Rampenlicht der fettigen Glühbirne einer Dunstabzugshaube in der Küche meiner Wache und hab meine Kollegen bekocht! Meistens ging's gut, manchmal nicht, übrig geblieben ist trotzdem nie etwas. Mir ist es auch ein großes Anliegen, zumindest meinen Kindern meine Beweggründe zu vermitteln und Essen nicht auf die Speicherfüllung zu reduzieren. Auch wir gehen mal zum großen Burgerladen, nehmen am Heimweg ein Schnitzerl mit, bestellen eine Pizza oder braten kurz Fischstäbchen ab. Aber wir tun dies nicht oft und vor allem nicht ausschließlich! Meine Kids wissen es zu schätzen, dass sie nicht fünfmal die Woche mit der gekauften Extrawurstsemmel in die Schule müssen, sondern mit einem selbst belegten, oft sogar selbst gebackenen Brot ihre Schulkollegen neidisch machen. Ich hoffe, sie leben das auch so weiter.

Wenn wir Feuerwehrleute es schaffen, nicht nur unsere Mägen zu füllen, sondern dabei auch noch etwas für unser Gemüt zu tun, dann sollte das eigentlich jeder können.

DANKESCHÖN!

Versuchen Sie einmal ein Buch zu schreiben, noch dazu wenn Sie keine Ahnung von Computern, Seitenlayouts, Fotografie und dergleichen haben! Es ist gar nicht so einfach, aber es macht Spaß.

Darum möchte ich mich in erster Linie bei meiner Familie bedanken, die im Zuge der Entstehung dieses Buches einiges ertragen musste: meinem Sohn Timo, 11, der mich tatkräftig bei den Fotos unterstützt hat; meiner Tochter Leona, 15, die ich fast täglich genervt habe, weil ich mich mit diesen depperten Computern und Programmen einfach nicht auskenne (und das auch nicht will); meiner Frau Birgit, die es nur schwer ertrug, mir bei meiner „Zweifingerschreibtechnik" zuzusehen, und es (fast) stillschweigend über sich ergehen ließ, dass ich oft mehrmals täglich gekocht habe und andauernd irgend jemand eingeladen war, der uns dabei helfen musste, das ganze Essen auch zu verputzen.

Ich bedanke mich herzlich bei meinen Kollegen aus ganz Wien, die mir mit Rezepten, Gschichtln, Meldungen, Rat und Tat zur Seite gestanden sind, besonders den Kollegen Walter und Neudl dafür, dass ich ihre Fotos verwenden durfte.

Selbstverständlich ergeht auch an mein Kommando ein großes Dankeschön, allen voran an Branddirektor Dr. Hillinger und Oberbrandrat Ing. Feiler, die mir feuerwehrintern einige Wege geebnet haben und mir die Einsatzbilder der Feuerwehrlichtbildstelle zur Verfügung gestellt haben.

Auch bei den Mitarbeitern des echomedia buchverlags möchte ich mich dafür bedanken, dass sie mir geholfen haben, aus meiner Spinnerei etwas Druckbares zu zaubern.

Und schließlich danke ich meiner Arbeitgeberin, der Stadt Wien, für die wir Feuerwehrleute alles tun, damit sie für ihre Einwohner sicher und lebenswert bleibt.

Bildtexte ganzseitige Bilder:

Seite	16	Übung der Wiener Feuerwehr mit Sprungtuch und einer Feuerwehrleiter vor dem Bürgerlichen Zeughaus, in dem sich seit dem Ende des 19. Jahrhunderts die Feuerwehrzentrale befindet. Im Vordergrund ein kleiner Markt.
Seite	20	Aufräum- und Sicherungsarbeiten nach einem Dachstuhlbrand
Seite	23	Öffnung der Dachaußenhaut beim Brand in einem Einfamilienhaus
Seite	28	KFZ-Bergung nach einem Verkehrsunfall
Seite	48	Großbrand auf einer Deponie
Seiten	52, 53	Großbrand in einem historischen Gebäude im Stadtzentrum
Seite	58	Blick über die Dächer Wiens und die Votivkirche
Seite	73	Außenangriff bei einem Werkstättenbrand
Seiten	78, 79	Bekämpfung letzter Glutnester und Eindämmung von Staubbildung mit vier Strahlrohren
Seite	96	Höhenretterübung im Ausbildungszentrum
Seite	103	Löschangriff über die Dachaußenhaut
Seiten	104, 105	Lagerhallen im Vollbrand
Seite	126	Ankunft einer Löschbereitschaft an der Einsatzstelle
Seite	129	Blick über den Westen Wiens
Seiten	130, 131	Kontrolle nach einem Flurbrand
Seite	136	Durchtrennen der Leitschiene nach einem LKW-Unfall auf der Autobahn
Seite	153	Höhenretterübung
Seite	154	Letzte Besprechung vor einem Schadstoffeinsatz

Bildnachweis:

Ehm, Ian: 7
iStock by Getty Images: 18 (2), 26, 27, 31 (2), 32, 36, 39, 43 (2), 46, 50, 51, 57 (2), 60, 65, 69 (2), 70, 74, 82 (2), 86, 89, 91, 95 (2), 100, 102, 108, 109 (2), 112, 115, 116, 121 (2), 122, 125, 128, 134 (2), 143, 147 (2), 148, 150, 151,
Lichtbildstelle der Berufsfeuerwehr Wien: 20, 23, 27 (2), 28, 32 (3), 36 (2), 39 (2), 40, 46 (2), 48, 52/53, 54, 60 (2), 68, 70 (2), 73, 74 unten, 78/79, 86, 89 links oben, 100 (2), 103, 104/105, 115 (2), 116 (3), 118, 122 (2), 126, 130/131, 136, 143 (2), 148 unten, 154, Buchrückseite
Nejedly, Martin: 8, 10, 12, 13,a 18, 19, 21, 22, 24, 26, 30, 31, 33, 35, 37, 38, 42, 43, 45, 47, 49, 50, 56, 57, 59, 61, 63, 64, 68, 69, 71, 72, 75, 77, 82, 83, 85, 86, 87, 88, 91, 94, 95, 97, 99, 101, 102, 108, 109, 111, 113, 114, 117, 120, 121, 123, 125, 127, 128, 134, 135, 137, 138, 139, 140/141, 142, 146, 147, 149, 150, 152, 155;
Neudl, Christian: 27(unten), 74 (oben), 80, 89, 92, 96, 151
Pertramer, Ingo: 7
Scherl/SZ-Photo/picturedesk.com: 16
shutterstock: Cover (Fotomontage), 1, 2, 3, 4, 5, 6, 7, 8, 9, 10, 11, 12, 13, 14, 15, 17, 19 (2), 21 (2), 22 (2), 24 (2), 25 (2), 26, 29, 30 (2), 33 (2), 34 (2), 35, 37 (2), 38, 41, 42 (2), 44 (2), 45, 47 (2), 49, 50, 51, 55, 56, 59 (2), 61 (2), 62 (2), 63, 64, 65, 67, 68 (2), 71, 72 (2), 75 (2), 76, 81, 83 (2), 84 (2), 85, 86, 87 (2), 88 (2), 91, 93, 94 (2), 97, 98 (2), 99, 101, 102, 107, 108, 110 (2), 111, 112, 113 (2), 114, 117, 119, 120 (2), 123 (2), 124, 125, 127, 128, 133, 135 (2), 137 (2), 138 (2), 139 (2), 140 (2), 141 (2), 142, 145, 146, 149 (2), 150, 152 (2), 155, 156, 157, 158, 159, 160;
Walter, Anton: 29 (2), 40 (3), 55 (3), 58, 66 (2), 80 (3), 89 links unten und rechts, 92 (3), 106, 118 (3), 129, 132 (2), 144 (2), 153
www.stefanjoham.com: Cover (Porträt Martin Nejedly)